JEAN PERROT
Notice biographique et bibliographique

CENTRE INTERNATIONAL DE DIALECTOLOGIE GÉNÉRALE

BIOBIBLIOGRAPHIES ET EXPOSÉS

N.S. 6

JEAN PERROT

Notice biographique et bibliographique

par P. SWIGGERS

suivie de l'exposé:

«L'analyse des langues: retour sur quelques repères»

LEUVEN

CENTRE INTERNATIONAL DE DIALECTOLOGIE GÉNÉRALE

Blijde-Inkomststraat 21

1997

ISBN 2-87723-344-8 (Peeters France)
ISBN 90-6831-946-9 (Peeters Leuven)
D. 1997/0602/56

AVANT-PROPOS

L'œuvre de Jean Perrot est une œuvre de linguistique générale au sens le plus profond du terme: une ouverture sur des langues très diverses, un examen pénétrant de structures linguistiques, un envisagement de la langue dans ses multiples fonctions, une intégration réussie de la dimension communicative, voilà les traits essentiels d'une œuvre qui a été élaborée, patiemment et sûrement, d'abord sous l'égide de grands maîtres et plus tard dans une carrière de professeur de linguistique générale et de grammaire comparée des langues finno-ougriennes.

Nourri aux méthodes de la grammaire historico-comparative et de la philologie classique, Jean Perrot s'est orienté, très tôt déjà, vers l'analyse linguistique de langues vivantes (plus particulièrement dans le domaine finno-ougrien) et vers l'étude du langage en contexte de communication. Cela explique qu'il s'est donné une formation de phonéticien et qu'il s'est intéressé spécifiquement aux phénomènes de syntaxe (fonctions et processus syntaxiques; structure des macro-constituants; rapport entre la structure de l'énoncé et l'organisation du message) ainsi qu'à des problèmes concernant le lexique; ces recherches l'ont amené à mettre en question les divisions trop rigides établies entre morphologie, syntaxe et lexique.

L'ouverture à l'utilisation du langage en contexte, motivée et catalysée par l'intérêt porté à l'enseignement des langues et par une longue expérience dans le domaine de l'étude contrastive des langues, a conduit Jean Perrot à construire une linguistique de l'énonciation: dans sa conception, une telle linguistique est moins une description de données contextuelles ou d'effets pragmatiques (ou encore, «effets de sens») qu'une analyse des rapports entre la structure énonciative et la structure informative. Dans l'étude de la structuration du discours, il importe donc d'étudier en premier lieu le rapport entre des données morphosyntaxiques (relations et fonctions assumées par les morphèmes et les syntagmes) et syntactiques (phénomènes d'ordre des mots) et les mécanismes réglant l'organisation de l'information. Si l'on adopte cette perspective, les phénomènes d'intonation, de pause, d'éjection ou de répétition de membres de phrase, acquièrent une importance qu'on ne leur avait guère reconnue dans des modèles de description trop axés sur l'analyse en constituants ou sur le rapport entre structures nucléaires (ou «de base») et structures dérivées. Depuis plus de trente ans, Jean Perrot étudie, en linguiste général, l'imbrication des structures d'information dans les structures syntagmatiques et paradigmatiques de l'énoncé: il s'agit des deux versants d'un même phénomène, celui d'exprimer un signifié discursif à l'aide d'un signifiant morphosyntaxique et à modulation suprasegmentale.

Cette démarche relève directement de la linguistique générale, vu qu'il s'agit de définir des concepts valables pour l'étude globale des langues et d'élaborer des techniques ou des approches s'appliquant à toutes les langues. De plus, elle comporte une dimension typologique et diachronique: l'aspect typologique réside dans l'attention accordée au jeu dialectique de la variation et de l'invariance (derrière des modalités structurelles très diverses se cache souvent un principe d'organisation commun; inversement, sous des structures en apparence isomorphes on peut retrouver des schèmes d'organisation très divers), alors que l'aspect diachronique consiste à replacer ce jeu de la variation et de l'invariance dans l'histoire d'une famille de langues, quitte à refaire l'exercice pour chaque nouvel ensemble génétique.

La linguistique générale que pratique Jean Perrot est caractérisée par un souci constant d'intégrer les approches synchroniques et diachroniques, et par la volonté d'y rattacher la perspective typologique. Elle se définit ainsi comme une linguistique générale assumant la tâche que lui assignait Ferdinand de Saussure: celle de «chercher les forces qui sont en jeu d'une manière permanente et universelle dans toutes les langues, et de dégager les lois générales auxquelles on peut ramener tous les phénomènes particuliers de l'histoire». Toujours attentif aux processus historiques — étudiés le plus souvent dans les domaines indo-européen et finno-ougrien, mais parfois aussi dans d'autres langues: otomi, japonais, etc. —, Jean Perrot a constamment mis à l'avant-plan de ses recherches le souci de repérer et de définir les *structures* et les *fonctions*, en les intégrant dans une approche qui s'intéresse à la fois aux langues dans leur diversité et à l'universalité de processus et de procédés formels qui constituent l'essence du langage.

P. Swiggers
F.N.R.S. belge (FWO)

Jean Perrot:
Notice biographique et bibliographique

par

P. SWIGGERS

JEAN PERROT: NOTICE BIOGRAPHIQUE

Jean Perrot est né le 25 avril 1925, à Malesherbes (Loiret). Il fait ses études au lycée Michelet à Vanves, mais doit retourner au milieu familial en 1939-1940, pendant la mobilisation. En 1940, il reprend ses études au lycée Buffon à Paris; il termine ses études secondaires au lycée Henri IV. Passionné par l'étude des langues, Jean Perrot s'inscrit à la Sorbonne et à l'École Pratique des Hautes Études, où il aura Michel Lejeune comme maître; au Collège de France, il suit les cours d'Émile Benveniste et d'Alfred Ernout. Très tôt déjà, il s'essaie, comme philologue classique et latiniste, dans une deuxième voie: celle des langues finno-ougriennes. En 1948, il obtient le diplôme de hongrois à l'École des Langues Orientales et en 1949 il passe l'agrégation de grammaire. C'est Michel Lejeune qui oriente son jeune disciple vers la linguistique générale, fortement enracinée dans le travail philologique; Jean Perrot, qui se voit assigner la tâche de bibliothécaire-secrétaire de l'Institut de linguistique de la Sorbonne, y ajoute — sous l'influence de contacts personnels, noués à l'École Normale Supérieure — l'ouverture vers d'autres familles de langues que l'indo-européen.

Comme assistant (de latin et de linguistique générale) à la Sorbonne, Jean Perrot entreprend, dès 1950, ses premiers travaux linguistiques. Chargé du secrétariat de la rédaction des *Langues du monde* (refonte de l'ouvrage collectif publié en 1924) sous la direction de Marcel Cohen[1], Jean Perrot rédige les articles sur l'esquimau (dialecte sud-groenlandais) et sur l'otomi[2]; de plus, il réunit la vaste bibliographie qui ouvre le volume[3].

En 1953, Jean Perrot publie une brève introduction à la linguistique, comme n° 570 dans la collection *Que sais-je?* Cet ouvrage, *La linguistique*[4], témoigne non seulement d'une très grande érudition, mais aussi de l'esprit systématique de l'auteur, qui y définit clairement l'objet de la linguistique et qui présente les buts, les méthodes et les techniques de la linguistique descriptive, de la linguistique historique et de la linguistique

---

[1] Jean Perrot consacrera plus tard un article de synthèse à l'œuvre de Marcel Cohen: «Linguistique générale et linguistique française: regards sur l'œuvre», in: *Hommage à Marcel Cohen* (Paris, 1985), 59-69.

[2] «Eskimo (sud-groenlandais)» et «Otomi (dialecte de San José del Sitio, Méx.)», in: *Les Langues du Monde* [deuxième édition (Paris, 1952)], 1168-1176 et 1186-1193.

[3] «Bibliographie: classification des langues, linguistique générale», in: *Les Langues du Monde* [deuxième édition (Paris, 1952)], XVII-XLII.

[4] *La linguistique* (Paris, 1953). L'ouvrage en est actuellement à sa quinzième édition.

générale[5]. L'ouvrage, très solidement organisé, sera traduit en plusieurs langues.

En 1953, Jean Perrot obtient un poste à l'Université de Montpellier, où il est chargé de restructurer l'enseignement de la philologie classique et d'assurer une préparation solide des étudiants aux concours d'agrégation, tâche qu'il réalise en quelques années. Ayant succédé à Lucien Tesnière, Perrot consolide la position de la linguistique à la Faculté des Lettres et Sciences Humaines: il accorde une place importante à l'enseignement de la phonétique[6], mettant à profit les ressources du laboratoire de phonétique, et il met sur pied un enseignement de la linguistique qui recouvre la linguistique générale, la grammaire comparée, la typologie des langues et la typologie évolutive. L'année 1956 marque l'arrivée d'émigrés hongrois dans les pays de l'Europe occidentale: la répression de l'insurrection avait causé la fuite de nombreux Hongrois, dont certains retrouvent, à Montpellier, un linguiste prêt à les aider et à leur enseigner de façon efficace la langue française.

En novembre 1959, Jean Perrot soutient ses deux thèses à la Sorbonne: un gros travail sur les dérivés latins en *-men* et *-mentum*[7] et une thèse complémentaire sur la particule *meg* (issu d'un ancien latif) en hongrois moderne[8].

---

[5] À propos de cette tripartition, voir *La linguistique, o.c.* [note 4], p. 15: «La linguistique moderne représente la somme des divers ordres de recherches qui ont marqué son développement: *description* de tous les langages connus; *histoire* des langues, dont une partie importante est la *grammaire comparée*, qui, fondée sur la méthode comparative, établit les parentés et affinités entre les langues; étude générale des conditions de fonctionnement, de la structure et de l'évolution du langage et des langues, étude qui fait l'objet de la *linguistique générale*».

[6] Cf. «Le laboratoire de phonétique de l'Université de Montpellier», in: S. Pop (éd.), *Instituts de phonétique et archives phonographiques* (Louvain, 1956), 229-232.

[7] La thèse sera publiée sous le titre *Les dérivés latins en -**men** et -**mentum*** (Paris, 1961); voir aussi les articles «Problèmes posés par les dérivés latins en *-men* et *-mentum*», *Revue des Études latines* 33 (1955), 347-348; «Observations sur les dérivés en *-men*. Mots en *-men* et *-tus* chez Lucrèce», *Revue des Études latines* 33 (1955), 333-343.

[8] La thèse complémentaire sera publiée en hongrois: *Adalékok a **meg** igekötő funkciójának vizsgálatához a mai magyar nyelvben* [«Contribution à l'étude de la fonction du préverbe *meg* dans la langue hongroise d'aujourd'hui»] (Budapest, 1966); voir aussi les articles «Préverbes et aspect en hongrois». I. Position du problème», *Études finno-ougriennes* 1 (1964), 54-65 et «A magyar helyhatározószók, igekötő és főévragok funkcióinak kapcsolatai» [Relations fonctionnelles entre adverbes de lieu, préverbes et formes casuelles des noms], in: *A magyar nyelvtörténete és rendszere* (Actes du Premier congrès international des linguistes hongrois) (Budapest, 1967), 270-273. Dans un travail récent, «Préverbes et suffixes casuels en hongrois», in: A. Rousseau (éd.), *Les préverbes dans les langues d'Europe. Introduction à l'étude de la préverbation* (Lille, 1995), 107-123, Jean Perrot a caractérisé les préverbes d'un point de vue sémantique et syntaxique; il y établit un lien entre préverbes et marques casuelles, vu que les préverbes véhiculent des indications liées à la relation entre le procès et les constituants réalisant des valences du verbe et que les suffixes casuels marquent, sur le constituant nominal, la relation syntaxico-sémantique des actants avec le prédicat.

De 1959 à 1960, Jean Perrot poursuit son enseignement à Montpellier comme maître de conférences. Dès 1960, il est de retour à Paris, où il est nommé maître de conférences à la Sorbonne; en 1962, il devient professeur de linguistique générale et de linguistique hongroise. Entre temps il avait publié sa thèse principale et rédigé la plupart des articles linguistiques pour le *Grand Larousse encyclopédique*[9].

À la Sorbonne, Jean Perrot devient, en 1965, directeur de l'Institut de Phonétique. En 1967, il devient directeur du Centre d'Études franco-hongroises, nouvellement fondé. Le Centre sera intégré à la nouvelle configuration qui se met en place en 1968, quand l'Institut de Phonétique est fusionné avec l'Institut de Linguistique. Il incombe alors à Jean Perrot de rétablir les activités des anciens instituts et de planifier la recherche et l'enseignement, tâches qu'il doit assumer seul à partir de 1968. Faisant appel au concours de professeurs associés (comme Bertil Malmberg et Ivan Fónagy), Jean Perrot réussit à faire revivre la recherche en phonétique; il coordonne également l'enseignement des langues finno-ougriennes, comprenant des cours de hongrois, de finnois et de linguistique finno-ougrienne[10].

En dépit des lourdes tâches d'administration et d'enseignement, Jean Perrot poursuit son œuvre variée: tout en restant fidèle à sa vocation de latiniste et de gréciste[11], et tout en continuant ses recherches dans le domaine finno-ougrien[12], il n'abandonne guère la linguistique générale. Sa réflexion se concentre sur la justification de l'analyse en syntaxe, problème qu'il aborde dans sa communication au dixième Congrès international

---

[9] Voir les articles «Adstrat», «Analogie», «Aspect», «Augment», «Bilinguisme», «Conjugaison», «Désinence», «Genre», «Langue», «Linguistique», «Mode», «Morphologie», «Nom», «Nombre», «Phrase», «Racine», «Substrat», «Superstrat», «Temps», «Verbe», in: *Grand Larousse Encyclopédique* (Paris, 1960-1964).

[10] Cf. «La linguistique finno-ougrienne», *Revue de l'Enseignement supérieur* 3-4 (1967), 82-88. Sur l'enseignement d'Aurélien Sauvageot, voir l'article de Jean Perrot, «Aurélien Sauvageot présentateur de la linguistique hongroise aux linguistes français», *Régi és új peregrináció. Magyarok külföldön, külföldiek Magyarországon* 111 (Budapest-Szeged, 1993), 1395-1405.

[11] Voir: «Le grec ancien», in: André Martinet (éd.), *Le langage* (Paris, 1968), 906-928 et «L'apport de la linguistique à l'enseignement de la grammaire du latin et du grec», in: *L'enseignement du latin et du grec aux grands débutants* (Paris, 1969), et «L'ordre des mots en latin; préliminaires théoriques», in: *Actes de la session de linguistique d'Aussois* (1972), 9 p.

[12] Cf. «Prédication et structure syntaxique: un problème général vu à partir du hongrois», in: *Congressus secundus internationalis Fenno-ugristarum* (Helsinki, 1968), tome I, 402-407; «Pour une description fonctionnelle des cas du hongrois» (en partie en collaboration avec G. Kassai et A.-M. Laurian), *Études finno-ougriennes* 6-7 (1973), 61-87; «À propos du futur hongrois», *Jelentéstan és stilisztika* (Nyelvtudományi Értekezések 83 = Actes du 2e congrès international des linguistes hongrois, Szeged 1972) (Budapest, 1974), 452-453; «Structures syntaxiques du hongrois», in: *Actes de la session de linguistique de Bourg-Saint-Maurice* (Paris, 1976), 6.01-6.13.

des linguistes à Bucarest, en 1967[13]: «Les structures syntaxiques s'accrochent à ces deux niveaux: autour des unités lexicales se constituent des syntagmes, des groupes, selon des schèmes structuraux qui varient de langue à langue, avec apparition d'éléments grammaticaux liés à l'insertion des unités lexicales dans le discours et à l'indication des fonctions assumées par ces unités ainsi engagées dans le discours organisé en énoncé; et c'est sur les structures ainsi constituées que se fixent les caractéristiques prosodiques qui marquent la fonction d'énonciation. C'est dans ce cadre général que s'interprète la délimitation traditionnelle de la syntaxe: elle s'occupe des faits syntagmatiques à partir du premier niveau de signification, c'est-à-dire qu'elle commence avec l'étude des phénomènes liés à l'insertion de l'unité lexicale dans le discours (caractérisations de genre, de nombre, etc. et fonctions syntaxiques) et néglige les données syntagmatiques antérieures à l'unité lexicale, c'est-à-dire celles qui concernent la formation même de ces unités, la 'formation des mots'»[14]. Cette réflexion est avant tout nourrie par l'expérience des différences entre langues indo-européennes et langues finno-ougriennes et par l'expérience d'un enseignement contrastif. C'est au début des années 1970 que Jean Perrot publie ses premiers articles de linguistique contrastive[15], directement liés à sa réflexion de linguiste général.

C'est à la même époque que prend forme chez Jean Perrot l'idée d'une nouvelle conception de la syntaxe: celle qui voit dans la syntaxe un jeu dialectique entre une organisation au plan morphosyntaxique et une organisation au plan de l'apport d'information[16]. Structure morphosyntaxique et structure informative constituent donc les deux faces de la syntaxe énonciative. Ces deux organisations, syntaxique et informative, se combinent au sein de la même séquence, la phrase: celle-ci est à la fois un ensemble

---

[13] «Le problème des niveaux dans l'analyse syntaxique», in: *Actes du Xe Congrès international des linguistes (Bucarest, 1967)*, (Bucarest, 1970), t. II, 725-729.

[14] «Le problème des niveaux dans l'analyse syntaxique», *a.c.* [note 13], 728.

[15] «Les niveaux structuraux dans l'analyse contrastive», in: *Összevető nyelvvizsgálat, nyelvoktatás* (Budapest, 1973), 336-342; «Le fonctionnement de l'article en français et en hongrois: problématique d'une description contrastive», in: *Études contrastives sur le français et le hongrois* (Debrecen, 1974), 3-14; «Observations sur les marques personnelles dans le mot verbal en hongrois et en français», *Études finno-ougriennes* 11 (1974), 215-217; «Problèmes méthodologiques en description contrastive», *Études finno-ougriennes* 11 (1974), 219-227; «La linguistique contrastive», in: *Actes de la session de linguistique de Saint-Flour*, sept. 1975, 11 p.

[16] Cf. «Message et apport d'information: à la recherche des structures» (avec M. Louzoun), *Langue française* 21 (1974), 122-135; «Énoncé et message: deux niveaux d'analyse. Un problème général illustré par deux cas particuliers: faits latins et faits hongrois», *Bulletin de la Société de Linguistique de Paris* 73/1 (1978), X-XIV; «Énonciation et syntaxe» (Communication au XIIe Congrès international des linguistes, Vienne 1977; résumé publié dans le fascicule de *Kurzfassungen*, p. 106). La notion d'apport d'information doit être prise dans un sens très large: un message peut être interrogatif, injonctif, exclamatif ou assertif.

de relations syntaxiques et la formulation d'un message[17]. L'intérêt pour la linguistique générale réside dans la complexité respective des deux structurations, dans leur imbrication et dans la diversité typologique de leur interaction, qui dépend de facteurs comme les mécanismes de l'intonation, la rigidité de l'ordre des mots, le positionnement de clitiques et de semi-clitiques — phénomènes à propos desquels on relève des divergences tantôt «massives», tantôt très fines entre les langues.

Dans une communication faite à la Société de Linguistique de Paris, le 19 mars 1977, Jean Perrot définit le cadre général dans lequel prennent place les deux niveaux d'analyse; la même année, un exposé oral au XIIe Congrès international des linguistes développe le même thème[18]. L'article de 1978, «Fonctions syntaxiques, énonciation, information»[19], dégage avec beaucoup de netteté les différences ainsi que les rapports entre les deux types de structures (et les analyses qui y correspondent). Jean Perrot y définit le message, combiné à l'énoncé, comme comportant un constituant essentiel, qui est le noyau rhématique (ou l'«apport»), et un constituant facultatif, le «support», et/ou un constituant post-rhématique, le «report»[20]. Les trois constituants correspondent à des fonctions distinctives: à côté de la fonction centrale, consistant à poser un apport informatif, il y a la fonction qui consiste à mettre en place le cadre ou le point d'appui pour cet apport et la fonction qui ajoute un élément de précision, de délimitation, de commentaire ou d'emphase. «Dans la formule *c'est ... qui/que*, le français syntaxise sous la forme d'un prédicat d'identification, fonctionnant comme un auxiliaire au niveau de la phrase, une valeur de message qui est la sélection exclusive affectant un des constituants, valeur à laquelle convient bien le terme d'emphase: *c'est Pierre que j'ai vu* («Pierre et non un autre»). Dans d'autres cas, un auxiliaire de phrase est utilisé pour thématiser: *j'ai mon vélo qui est cassé, il y a mon vélo qui est cassé*. Le phénomène est essentiellement le même dans tous ces cas: une valeur de message fait intervenir le support syntaxique d'un prédicat auxiliaire; on ne peut donner aucune interprétation satisfaisante de la structure de telles phrases si on s'enferme dans une analyse strictement syntaxique, considérant exclusivement l'énoncé et négligeant le message»[21].

---

[17] On relève là l'importance que Jean Perrot accorde à l'aspect social du langage. Cf. *La linguistique, o.c.* [note 4], 123.

[18] Voir les références dans la note 16.

[19] «Fonctions syntaxiques, énonciation, information», *Bulletin de la Société de Linguistique de Paris* 73/1 (1978), 85-101. Voir aussi: «Syntactic Functions, Enunciation, and Information», in: H. S. Gill – B. Pottier (éds), *Ideas, Words and Things* (New Delhi, 1992), 155-160.

[20] Ce modèle présente l'avantage d'éviter un recours à des notions peu claires et difficilement utilisables dans une perspective empirique, comme «thème» et «rhème» — notions discursives qu'on a trop facilement revêtues d'une charge syntaxique (et syntactique).

[21] «Fonctions syntaxiques, énonciation, information», *a.c.* [note 19], 97.

En 1978, Jean Perrot devient directeur d'études de grammaire comparée des langues finno-ougriennes à la IVᵉ Section de l'École Pratique des Hautes Études; il combine, au début, son enseignement avec celui de professeur à la Sorbonne (devenue la Sorbonne Nouvelle - Paris III), mais abandonnera plus tard son poste de professeur à Paris III. Il s'oriente davantage vers les problèmes de linguistique contrastive (et de traduction)[22], en vouant son attention aux fines oppositions qui différencient les langues finno-ougriennes, au plan de l'ordre des mots, dans les mécanismes de détermination (nominale et verbale) et de l'actance[23].

Cette nouvelle conception de la syntaxe, qui intègre de façon heureuse l'intonation, a permis à Jean Perrot de donner une portée plus vaste à la linguistique contrastive: celle-ci s'oriente en premier lieu vers des structures (syntagmatiques et paradigmatiques) et elle doit assigner un rôle prioritaire à la forme, et non au contenu. «Aussi bien dans l'étude des faits syntagmatiques que dans celle des faits paradigmatiques, l'essentiel, pour le linguiste qui veut dégager des structures linguistiques, est de respecter le principe fondamental selon lequel une réalité linguistique se caractérise par l'association d'un signifié et d'un signifiant et ne peut être définie par référence au seul domaine du sens. Ce n'est donc pas en spéculant sur le contenu d'un élément présent dans une phrase, par exemple en constatant qu'il se réfère à du connu ou au contraire apporte du nouveau, qu'on pourra décider de son statut de thème ou de rhème dans la phrase, c'est-à-dire dans la structure de la phrase; il faudra se fonder sur l'existence d'un signifiant créateur de contraste, que ce signifiant soit de nature prosodique ou autre»[24].

---

[22] Cf. «La traduction: affaire de langue ou affaire de communication?», *Contrastes*, hors série A 1 (1982), 75-82; «Les recherches contrastives appliquées aux langues finno-ougriennes et au français» (avec M. Tukia), in: *Actes du colloque de Gif-sur-Yvette* (Paris, 1979), 197-203; «Les relations épithétiques dans le syntagme nominal en français et en finnois», in: *Actes du 3ᵉ colloque franco-finlandais de linguistique contrastive* (Helsinki, 1987), 171-188; «Portée synchronique et portée diachronique de l'analyse contrastive», in: *Problèmes théoriques et méthodologiques de l'analyse contrastive* (Paris, 1988), 9-30.

[23] Voir les travaux suivants: «Conjugaison subjective et conjugaison objective: un imbroglio morpho-syntaxique et historico-descriptif de la linguistique finno-ougrienne», *Études finno-ougriennes* 15 (1983), 261-271; «La double conjugaison (subjective et objective) dans les langues finno-ougriennes: aperçu des problèmes», *Lalies* 3 (1984), 25-32; «Nom et verbe dans les langues ougriennes: le hongrois et le vogoul», *Modèles linguistiques* 6/1 (1984), 161-180; «Nom et pronom dans les relations actancielles en finnois et en vogoul», *Actances* 1 (1985), 157-173; «Actance et diathèse en ostiak oriental», *Actances* 2 (1986), 135-150; «Nouvel examen des relations actancielles en vach», *Actances* 4 (1988), 13-32; «Sur l'«accusatif» pronominal en finno-ougrien», *Études finno-ougriennes* 23 (1991), 25-33.

[24] «À la recherche des structures informatives. Introduction à la journée d'étude du 21 janvier 1989», *Mémoires de la Société de Linguistique de Paris*, n.s. t. II: *La Phrase: énonciation et information* (1994), 9-12, ici p. 11.

La phrase comme combinaison de l'énoncé et du message — l'ordre de l'énoncé étant le plus complexe — requiert donc une double analyse, l'une orientée vers l'organisation du message, l'autre vers le réseau de relations syntaxiques entre constituants. Dans les deux cas, on évitera des généralisations trop hâtives[25]; la solidarité entre les deux structures n'apparaît que si l'on fait un examen approfondi des contraintes et des possibilités structurelles typiques d'une langue particulière[26]. L'approche communicative-syntaxique de Jean Perrot présente, à notre avis, un double avantage. D'une part, elle offre des moyens de typologisation[27], et cela sur deux points: (a) elle permet d'opposer les langues privilégiant le thème à celles qui privilégient le sujet (on constate donc que le marquage des articulations du message est différencié); (b) elle permet de typologiser les langues selon le besoin qu'elles éprouvent à «préparer» l'apport par un support; dans le cas de langues se caractérisant par une focalisation sur l'apport, on relève le plus souvent une structure «apport — report». D'autre part, c'est en fonction de cette double approche qu'on pourra adéquatement définir le rapport entre des notions morphosyntaxiques comme «catégorie» et des notions discursives et communicatives comme «fonction». Il nous semble que la critique pertinente que Jean Perrot a faite du concept de «translation» chez Lucien Tesnière[28] est fondée sur la reconnaissance d'une ambiguïté fondamentale chez l'auteur des *Éléments*

---

[25] Voir la critique pertinente que Jean Perrot a faite de l'analyse en thème et rhème: «Éléments pour une typologie des structures informatives», *Mémoires de la Société de Linguistique de Paris*, n.s. t. II: *La Phrase: énonciation et information* (1994), 13-26.

[26] Voir par ex. «Éléments pour une typologie des structures informatives», *a.c.* [note 25], p. 25: «Des énoncés à deux constituants, un prédicat verbal et un complément, se construisent, pour des raisons informatives, comme des syntagmes verbaux où le complément, quel qu'il soit, détermine le prédicat verbal, et dans le message c'est l'ensemble qui fournit le rhème. Tandis qu'en français le locuteur dira par exemple *je suis né à la campagne*, en émettant un message non dissocié, c'est-à-dire réduit à un rhème (sauf introduction d'emphase), dans lequel l'élément le plus informatif (le complément localisateur) suit le prédicat verbal, en hongrois l'équivalent sera *vidéken születtem*, avec *vidéken* «à la campagne» fonctionnant comme déterminant dans le syntagme prédicatif (comme le ferait un préverbe) et en même temps comme élément dominant du rhème. De cette formule où le message n'est pas dissocié en deux constituants, on passe facilement au message du type *Opera következik*, apport — report, dès que le 2e élément est vide de toute valeur informative; il suffit que l'intonation conclusive se déploie complètement sur le premier élément au lieu de s'étaler sur l'ensemble de la séquence. On voit ici encore se manifester l'étroite solidarité entre structure d'énoncé et structure de message». Voir aussi le texte de Jean Perrot publié dans ce fascicule.

[27] Cf. «Éléments pour une typologie des structures informatives», *a.c.* [note 25], p. 26: «Il faut passer à une typologie plus large, celle des structures qui organisent les actes énonciatifs représentés par les phrases comme combinaisons d'énoncés (morphosyntaxe des fonctions syntaxiques au sens traditionnel) et de messages (structures informatives)».

[28] Voir «Sur la translation», in: F. Madray-Lesigne – J. Richard-Zappella (éds), *Lucien Tesnière aujourd'hui* (Louvain – Paris, 1995), 215-220.

de syntaxe structurale, à savoir une confusion entre le statut («endocentri-
que») d'un élément à l'intérieur d'un constituant et le statut («exocentri-
que») d'un élément dans l'organisation de la phrase; en fait, cette ambiguïté a son explication profonde dans le fait que Tesnière ne dispose pas
d'une analyse de la phrase en termes d'organisation du message, même
si c'était là l'approche qu'il aurait dû expliciter pour justifier sa critique
de la grammaire traditionnelle[29].

L'œuvre scientifique de Jean Perrot lui a valu une reconnaissance
générale, tant au plan national qu'international. Membre actif de la Société
de Linguistique de Paris, il en a été l'administrateur (de 1963 à 1969),
puis secrétaire-adjoint (1970-1978) et, depuis 1979, secrétaire. De plus,
il a dirigé et co-dirigé les revues *Études finno-ougriennes* et *Cahiers
d'études hongroises*. Au sein du comité international permanent des linguistes (C.I.P.L.), Jean Perrot représente la France à l'Assemblée générale. Enfin, ses activités, de recherche et de promotion d'études[30], dans
le domaine finno-ougrien lui ont valu d'importantes distinctions inter-
nationales: docteur honoris causa de l'Université de Helsinki, Jean Perrot
est aussi membre correspondant de la Société finno-ougrienne (Helsinki)
et, depuis 1979, membre d'honneur de l'Académie hongroise des Sciences.

---

[29] Cf. «Sur la translation», *a.c.* [note 28], p. 217: «Parti, en dépit de son option struc-
turaliste, d'une définition sémantique des classes de mots, Tesnière était mal armé pour
aborder le problème des rapports entre ces classes et les fonctions en syntaxe, c'est-à-dire
dans les nœuds qui structurent l'organisation syntaxique; un mot d'une classe donnée
définie par une catégorie de sens (procès, attribut abstrait, etc.) ne peut être considéré
comme se maintenant dans cette classe dès lors qu'il apparaît dans un emploi où il ne
représente plus cette catégorie de sens: dans *le livre de Pierre*, le mot *Pierre* acquiert «la
valeur adjectivale». C'est que Tesnière établit une équivalence entre «les caractéristiques
syntaxiques de l'adjectif» et la «valeur adjectivale»; il y a là un aspect de la doctrine où
il est difficile de ne pas voir de la confusion».

[30] Jean Perrot est Président de l'Association pour le développement des études finno-
ougriennes.

JEAN PERROT: NOTICE BIBLIOGRAPHIQUE[31]

1950

1. (en collaboration[32] avec André Sève) *Ortho vert. Dictionnaire orthographique et grammatical.* Chambéry: Edsco. [1976[20]]

1952

2. «Bibliographie: classification des langues, linguistique générale». *Les Langues du Monde* [deuxième édition], XVII-XLII. Paris: Éd. du C.N.R.S.
3. «Eskimo (sud-groenlandais)». *Les Langues du Monde* [deuxième édition], 1168-1176. Paris: Éd. du C.N.R.S.
4. «Otomi (dialecte de San José del Sitio, Méx.)». *Les Langues du Monde* [deuxième édition], 1186-1193. Paris: Éd. du C.N.R.S.
5. Cartographie: Soudan-Guinée (mise à jour de la carte de M. Delafosse); planisphères. *Les Langues du Monde* [deuxième édition]. Paris: Éd. du C.N.R.S.

1952-1953

6. «Morphologie, syntaxe, lexique. Contribution à la discussion sur les divisions de la langue». *Conférences de l'Institut de Linguistique de Paris* 11. 63-74.

1953

7. *La Linguistique* (coll. *Que sais-je* n° 570). Paris: Presses Universitaires de France. 1993[15]. [Traductions: en italien, espagnol, portugais, japonais.]

1955

8. «L'aspect verbal: faits hongrois et problèmes généraux». [Résumé de communication]. *Bulletin de la Société de Linguistique de Paris* 51/1. II-V.
9. «Problèmes posés par les dérivés latins en *-men* et *-mentum*». *Revue des Études latines* 33. 347-348.
10. «Observations sur les dérivés en *-men.* Mots en *-men* et *-tus* chez Lucrèce». *Revue des Études latines* 33. 333-343.

---

[31] La bibliographie ne comporte pas les notices nécrologiques, les comptes rendus, ou les préfaces et avant-propos signés par Jean Perrot.

[32] Essentiellement pour la partie grammaticale.

1956

11. «Le laboratoire de phonétique de l'Université de Montpellier». Sever POP (éd.), *Instituts de phonétique et archives phonographiques*, 229-232. Louvain: Centre international de Dialectologie générale.

12. «Autour des passés. Réflexions sur les systèmes verbaux du latin et du français». *Revue des Langues romanes* 72. 137-169.

1958

13. «Réponse à une enquête sur la notion de neutralisation». *Travaux de l'Institut de Linguistique.* Faculté des Lettres de l'Université de Paris 2. 78-81.

14. «L'Institut de Linguistique de la Faculté des Lettres de Montpellier». Sever POP — Rodica-Doina POP (éds), *Premier répertoire des instituts et des sociétés de linguistique du monde*, 142. Louvain: Centre international de Dialectologie générale.

1959

15. *Enquête sur le fonctionnement de la particule* **meg** *en hongrois moderne.* Thèse complémentaire. Paris. [Non publiée; cf. n° 23.]

1960-1964

16. articles «Adstrat», «Analogie», «Aspect», «Augment», «Bilinguisme», «Conjugaison», «Désinence», «Genre», «Langue», «Linguistique», «Mode», «Morphologie», «Nom», «Nombre», «Phrase», «Racine», «Substrat», «Superstrat», «Temps», «Verbe». *Grand Larousse Encyclopédique.* Paris: Larousse.

1961

17. *Les dérivés latins en* **-men** *et* **-mentum**. Paris: Klincksieck. 382 p.

18. «Les faits d'aspect dans les langues classiques». *L'Information littéraire* 13/3. 109-118 (mai-juin 1961); 13/4. 154-163 (septembre-octobre 1961).

1962

19. «Remarques sur l'expression du rapport de 'possession' en français». *Le français dans le monde* 13. 6-8.

1964

20. «Langue écrite et langue parlée». A.-J. VAN WINDEKENS (éd.) *Communications et rapports du premier Congrès international de dialectologie générale* (Louvain - Bruxelles 1960), t. I, 24-28. Louvain: Centre international de Dialectologie générale.

21. «Préverbes et aspect en hongrois. I. Position du problème». *Études finno-ougriennes* 1. 54-65.

1965

22. «Le fonctionnement du système des cas en latin». *Revue des Études latines* 43. 30-31. [Résumé de communication]. Cf. n° 24.

1966

23. *Adalékok a* **meg** *igekötő funkciójának vizsgálatához a mai magyar nyelvben* [«Contribution à l'étude de la fonction du préverbe *meg* dans la langue hongroise d'aujourd'hui»]. Budapest: Akadémiai Kiadó. [Version hongroise du texte remanié et augmenté de la thèse complémentaire]. Cf. n° 15.
24. «Le fonctionnement du système des cas en latin». *Revue de Philologie* 40/2. 57-67.
25. Bibliographie nouvelle établie pour Antoine MEILLET, *Esquisse d'une histoire de la langue latine* [réédition], 285-291. Paris: Klincksieck. [Mise à jour et complétée pour la nouvelle édition, Paris: Klincksieck, 1976, 285-294].

1967

26. «A magyar helyhatározószók, igekötő és főévragok funkcióinak kapcsolatai». [Relations fonctionnelles entre adverbes de lieu, préverbes et formes casuelles des noms]. *A magyar nyelvtörténete és rendszere* (Actes du Premier congrès international des linguistes hongrois), 270-273. Budapest: Akadémiai Kiadó.
27. «La linguistique finno-ougrienne». *Revue de l'Enseignement supérieur* 3-4. 82-88.
28. «Observations sur la structure de l'énoncé en hongrois». *Bulletin de la Société de Linguistique de Paris* 62/1. 122-133.

1968

29. «Problèmes relatifs à la structure du syntagme verbal». *Nyelvtudományi Közlemények* 70/2 [Actes du symposium 'Grammaire et sémantique du verbe', Budapest 1967], 431-434.
30. «Le lexique». André MARTINET (éd.), *Le langage* (Encyclopédie de la Pléiade), 283-299. Paris: Gallimard.
31. «Le grec ancien». André MARTINET (éd.), *Le langage* (Encyclopédie de la Pléiade), 906-928. Paris: Gallimard.
32. «Prédication et structure syntaxique: un problème général vu à partir du hongrois». *Congressus secundus internationalis Fenno-ugristarum* (Helsinki, 1965), t. I, 402-407. Helsinki: Societas fenno-ugrica.

1969

33. «L'apport de la linguistique à l'enseignement de la grammaire du latin et du grec». *L'enseignement du latin et du grec aux grands débutants* (Journée d'études du 16 novembre 1969).

1970

34. «Le problème des niveaux dans l'analyse syntaxique». *Actes du Xe Congrès international des linguistes (Bucarest, 1967)*, t. II, 725-729. Bucarest: Éditions de l'Académie de la République socialiste de Roumanie.
35. «Remarques sur la notion de sujet». *Mélanges Marcel Cohen*, 197-112. La Haye: Mouton.

1971

36. «Problèmes de structure appliqués au message». *Études finno-ougriennes* 8 (Mélanges offerts à Aurélien Sauvageot pour son 75e anniversaire), 223-229.
37. «Finno-ougriennes (langues)». *Encyclopaedia Universalis* vol. 17, 17-18. Paris: Encyclopaedia Universalis.

1972

38. «Les niveaux structuraux dans l'analyse contrastive». *Összevető nyelvvizsgálat, nyelvoktatás*, 336-342. Budapest: Akadémiai Kiadó.
39. (en partie en collaboration avec G. KASSAI et A.-M. LAURIAN) «Pour une description fonctionnelle des cas du hongrois». *Études finno-ougriennes* 6-7. 61-87.
40. «L'ordre des mots en latin; préliminaires théoriques». *Actes de la session de linguistique d'Aussois* (septembre 1972). 9 p.

1974

41. «Communication et analyse syntaxique: Présentation». *Langue française* 21. 3-7.
42. (avec M. LOUZOUN) «Message et apport d'information: à la recherche des structures». *Langue française* 21. 122-135.
43. «Le fonctionnement de l'article en français et en hongrois: problématique d'une description contrastive». *Études contrastives sur le français et le hongrois* (= Studia Romanica Universitatis Debreceniensis, Series linguistica, III), 3-14. Debrecen: Kossuth Lajos Tudományegyetem.
44. «Observations sur les marques personnelles dans le mot verbal en hongrois et en français». *Études finno-ougriennes* 11. 215-217.

45. «Problèmes méthodologiques en description contrastive». *Études finno-ougriennes* 11. 219-227.
46. «À propos du futur hongrois». *Jelentéstan és stilisztika (Nyelvtudományi Értékezések* 83 = Actes du 2ᵉ congrès international des linguistes hongrois, Szeged 1972), 452-453.

1975

47. «Les auxiliaires d'énoncé». *Mélanges linguistiques offerts à Émile Benveniste*, 447-453. Paris - Louvain: Peeters.
48. «Le problème de l'aspect verbal». *Actes de la session de linguistique de Bourg-Saint-Maurice*, 94-99. Paris: Univ. de Paris III.
49. «Sur le fonctionnement de la formation verbo-nominale en -*t(t)* en hongrois». *Congressus tertius internationalis Fenno-ugristarum* (Tallinn, 1970), t. I, 656-660. Tallinn: «Valgus».
50. «La linguistique contrastive». *Actes de la session de linguistique de Saint-Flour*, sept. 1975, 11 p.

1976

51. «Structures syntaxiques du hongrois». *Actes de la session de linguistique de Bourg-Saint-Maurice*, 6.01-6.13. Paris: Publications du Conseil Scientifique de la Sorbonne Nouvelle.

1977

52. «Énoncé et message: deux niveaux d'analyse. Un problème général illustré par deux cas particuliers: faits latins et faits hongrois». [Communication à la Société de Linguistique de Paris, 19 mars 1977] *Bulletin de la Société de Linguistique de Paris* 73/1. X-XIV. [Résumé de la communication]
53. «Analyse contrastive et niveaux de structuration». *Études de linguistique appliquée* 27 (= *Hommage à Paul Pimsleur*). 110-113.
54. «Énonciation et syntaxe». Communication au XIIᵉ Congrès international des linguistes, Vienne 1977. Résumé publié dans le fascicule de *Kurzfassungen*, p. 106.

1978

55. «Fonctions syntaxiques, énonciation, information». *Bulletin de la Société de Linguistique de Paris* 73/1. 85-101.
56. «Aspects de l'aspect». *Étrennes de septantaine. Travaux de linguistique et de grammaire comparée offerts à Michel Lejeune*, 183-197. Paris: Klincksieck.
57. «Ordre des mots et structures linguistiques». *Langages* 50. 17-26.

1980

58. «Ponctuation et structures linguistiques». *Langue française* 45. 67-76.
59. «L'aspect: problèmes sémantiques et morpho-syntaxiques». *Bulletin de la Société de Linguistique de Paris* 74/1. XII-XV. [Résumé de la communication à la Société de Linguistique de Paris, 18 février 1978]

1981

60. «Les composantes du donné linguistique dans la communication verbale». *Comprendre le langage*, 27-28. Paris: Didier Érudition.
61. «Du latin au français: temps et aspects. La langue et la saisie du temps». *Actes des journées d'études linguistiques* (mai 1979: 'Actants, voix et aspects verbaux'), 109-120. Angers: Presses de l'Université d'Angers.
62. «Accent et syntagme prédicatif en hongrois». *Congressus quartus internationalis Fenno-ugristarum* (Budapest, 1975), t. III, 334-338. Budapest: Akadémiai Kiadó.
63. «En guise d'introduction». *Contrastes* 1. 7-12.

1981–

64. (dir.) *Les langues dans le monde ancien et moderne*. Vol. I: *Les langues de l'Afrique subsaharienne*. Vol. II: *Pidgins et créoles*. Vol. III: *Langues chamito-sémitiques*. Paris: Éditions du C.N.R.S.

1982

65. «La traduction: affaire de langue ou affaire de communication?». *Contrastes*, hors série A 1 (Colloque 'Linguistique contrastive et traduction'), 75-82.
66. (avec M. TUKIA) «Les recherches contrastives appliquées aux langues finno-ougriennes et au français». *Actes du colloque de Gif-sur-Yvette* (1979), 197-203. Paris: Université de Paris III.
67. «Conjugaison subjective et conjugaison objective: un imbroglio morpho-syntaxique et historico-descriptif de la linguistique finno-ougrienne». *Études finno-ougriennes* 15. 261-271.

1984

68. «Benveniste et les courants linguistiques de son temps». *Actes du colloque Émile Benveniste aujourd'hui (Tours 1983)*, vol. I, 13-33. Paris: Société de l'Information grammaticale.
69. «L'interrogation en finnois et en hongrois». *Linguistica Palatina Colloquia* II, 69-88. Paris: Université de Paris-Sorbonne.
70. «Personnel et impersonnel en finnois et en français». *Études finno-ougriennes* 18. 96-100.

71. «La double conjugaison (subjective et objective) dans les langues finno-ougriennes: aperçu des problèmes». *Lalies* 3. 25-32.
72. «Nom et verbe dans les langues ougriennes: le hongrois et le vogoul». *Modèles linguistiques* 6/1. 161-180.

1985

73. «Nom et pronom dans les relations actancielles en finnois et en vogoul». *Actances* 1. 157-173.
74. «Linguistique générale et linguistique française: regards sur l'œuvre». *Hommage à Marcel Cohen*, 59-69. Paris: Université de la Sorbonne Nouvelle – Paris III.

1986

75. «Actance et diathèse en ostiak oriental». *Actances* 2. 135-150.

1987

76. «Morphosyntaxe, sémantique, information». *Études de linguistique générale et de linguistique latine offertes à Guy Serbat*, 233-238. Paris: Société de l'Information grammaticale.
77. «Les relations épithétiques dans le syntagme nominal en français et en finnois». *Actes du 3ᵉ colloque franco-finlandais de linguistique contrastive*, 171-188. Helsinki.

1988

78. «Portée synchronique et portée diachronique de l'analyse contrastive». *Problèmes théoriques et méthodologiques de l'analyse contrastive*, 9-30. Paris: Université de la Sorbonne Nouvelle – Paris III.
79. «Nouvel examen des relations actancielles en vach». *Actances* 4. 13-32.
80. «Antoine Meillet et les langues de l'Europe: l'affaire hongroise». *Histoire, Épistémologie, Langage* 10/2. 301-318.

1990

81. «Antoine Meillet et la langue hongroise». *Cahiers d'Études hongroises* 2. 57-61.
82. «Morphologie verbale et nominale et structure de l'énoncé dans le développement historique des langues ouraliennes». *Travaux du Cercle Linguistique d'Aix* 8. 203-221.

1991

83. «Sur les changements linguistiques». *Proceedings of the XIVth International Congress of Linguists* (Berlin 1987), t. I, 223-230. Berlin: Akademie-Verlag.

84. «Sur l'«accusatif» pronominal en finno-ougrien». *Études finno-ougriennes* 23. 25-33.
85. «Vélekedések a magyar nyelvről Franciaországban a XX. századig». Rapport présenté au IIe Congrès international de Hungarologie. Jenő KISS – László SZŰTS (éds), *Tanulmányok a magyar nyelvtudomány történetének témaköréből*, 38-48. Budapest: Akadémiai Kiadó.

1992

86. «Syntactic Functions, Enunciation and Information». Harjeet Singh GILL – Bernard POTTIER (éds), *Ideas, Words and Things*, 155-160. New Delhi: Orient Longman.
87. «Morphologie verbale et structures d'énoncés: autour des doubles conjugaisons (subjective/objective) de quelques langues ouraliennes». Communication au XVe Congrès international des linguistes, Québec, 1992. Résumé dans *Recueil des résumés*, 35. Québec: Université Laval.
88. «Monstration, définitude et anaphore/cataphore en hongrois». Mary-Annick MOREL – Laurent DANON-BOILEAU (éds), *La deixis*, 135-138. Paris: P.U.F.
89. «Soixante ans après: encore 'enfiler des mots'». *Cahiers d'Études hongroises* 4. 93-97.

1992-1993

90. «Morphologie verbale et relations actancielles en ostiak oriental». *Modèles linguistiques* 28. 105-140.

1993

91. «Aurélien Sauvageot présentateur de la linguistique hongroise aux linguistes français». *Régi és új peregrináció. Magyarok külföldön, külföldiek Magyarországon* 111. 1395-1405. Budapest-Szeged.
92. «L'objet en mordve erza». *Actances* 7. 185-195.
93. «Structure de la morphologie verbale en mordve: les indices actanciels». *Bulletin de la Société de Linguistique de Paris* 88/1. 239-260.
94. «La composition nominale en français et en finnois». *Actes du 4e colloque franco-finlandais de linguistique contrastive*, 121-131. Paris - Tartu.

1994

95. «Personne et syntaxe: faits ougriens». *Faits de langues* 3: *La personne*, 67-78 et 120-122.
96. «Du grec au mordve: sur le rôle translateur de l'article défini». *Lalies* 14. 135-145.

97. «Liberté et contrainte dans l'ordre des mots: la régulation syntaxique des variations en latin et en hongrois». *Tema* 1 [*Techniques et métho-dologies modernes appliquées à l'Antiquité*]. 13-30. [= «Liberté et contrainte dans l'ordre des mots: la régulation syntaxique des varia-tions en latin et en hongrois», dans: M. TUKIA (éd.), *Contrastes* n° 24-25 (1994-1995): *La linguistique française*, 73-86.]
98. «L'ordre des mots dans l'énoncé-message: principes et illustrations». *Tema* 1 [*Techniques et méthodologies modernes appliquées à l'Anti-quité*]. 35-50.
99. «À la recherche des structures informatives. Introduction à la jour-née d'étude du 21 janvier 1989». *Mémoires de la Société de Lin-guistique de Paris*, n.s. t. II: *La Phrase: énonciation et information*, 9-12.
100. «Éléments pour une typologie des structures informatives». *Mé-moires de la Société de Linguistique de Paris*, n.s. t. II: *La Phrase: énonciation et information*, 13-26.

1995

101. «L'expression de l'objet en mordve erza». *Études finno-ougriennes* 27. 53-74.
102. «Sur l'ordre des mots». O. VÄLIKANGAS – M. HELKKULA (éds), *Actes du 5ᵉ Colloque franco-finlandais de linguistique contrastive*, 197-210. Helsinki: Université de Helsinki.
103. «Sur la translation». Françoise MADRAY-LESIGNE – J. RICHARD-ZAPPELLA (éds), *Lucien Tesnière aujourd'hui*, 215-220. Louvain – Paris: Peeters - Bibliothèque de l'Information grammaticale.
104. «Matériel lexical et matériel grammatical: un problème contrastif de frontières en lexicographie bilingue». *Cahiers d'Études hongroises* 7. 89-94.
105. «Préverbes et suffixes casuels en hongrois». André ROUSSEAU (éd.), *Les préverbes dans les langues d'Europe. Introduction à l'étude de la préverbation*, 107-123. Lille: Presses de l'Université du Septen-trion.

1996

106. «Verbe négatif et négation dans les langues ouraliennes». *Mémoires de la Société de Linguistique de Paris*, n.s. tome IV: *La négation: une ou multiple ?*, 117-128.
107. «Quelques propositions sur 'l'accord' en réponse au questionnaire». *Faits de langues* 8: *L'accord*, 161-164.
108. «Un médiatif ouralien: L'auditif en samoyède nenets». Z. GUEN-TCHÉVA (éd.), *L'énonciation médiatisée*, 157-168. Louvain - Paris: Peeters - Bibliothèque de l'Information grammaticale.

1997

109. «L'analyse des langues: retour sur quelques repères». Dans ce fascicule.

À paraître:

(a) «Visée communicative». J. FEUILLET (éd.), *Actance et Valence dans les langues de l'Europe* (Berlin - New York: Mouton de Gruyter, 1997) [p. 54-97]

(b) «L'analyse contrastive au niveau de l'énonciation». Actes du Colloque de linguistique contrastive franco-hongroise, mars 1997 (École Supérieure de Pédagogie Dániel Berzsenyi, Szombathely).

(c) «La relation objectale et ses corrélats: quelques données des langues ouraliennes». Actes du Colloque «La transitivité», novembre 1995 (Université de Lille III).

(d) «On Internal vs. External Causality in the Historical Development of Finno-Ugric Languages». Actes du Colloque «Finnisch-Ugrische Sprachen in Kontakt», novembre 1996 (Université de Groningue).

(e) «Aspects de la reconstruction en finno-ougrien: morphosyntaxe de l'actance». *Mémoires de la Société de Linguistique de Paris*, n.s. tome V.

INDEX THÉMATIQUE[33]

A. *Linguistique générale*

2, 3, 4, 5, 6, 7, 8, 11, 13, 14, 16, 20, 29, 30, 34, 35, 36, 41, 42, 47, 48, 52, 54, 55, 56, 57, 58, 59, 60, 64, 65, 68, 74, 76, 80, 83, 86, 87, 93, 96, 99, 100, 103, 107, 109, à paraître *a*

B. *Linguistique contrastive: Méthodologie générale et applications (analyse contrastive français/langues finno-ougriennes)*

38, 43, 44, 45, 50, 53, 63, 66, 69, 70, 77, 78, 94, 97, 102, 104, à paraître *b*

C. *Langues anciennes et français*[34]

1, 9, 10, 12, 17, 18, 19, 22, 24, 25, 31, 33, 40, 61, 97, 98

D. *Langues finno-ougriennes*[35]

8, 15, 21, 23, 26, 27, 28, 32, 37, 39, 46, 49, 51, 62, 67, 69, 71, 72, 73, 75, 79, 80, 81, 82, 84, 85, 87, 88, 89, 90, 91, 92, 93, 95, 96, 101, 102, 105, 106, 108, à paraître *c, d, e*

---

[33] Les numéros renvoient aux numéros de la bibliographie qui précède.
[34] Voir aussi sous B, pour les analyses contrastives impliquant le français.
[35] Voir aussi sous B.

J. PERROT

L'Analyse des langues:
Retour sur quelques repères

L'ANALYSE DES LANGUES:
RETOUR SUR QUELQUES REPÈRES

*À Michel Lejeune, qui a été mon maître
au départ, il y a un demi-siècle, et assez
fortement pour ne jamais cesser de l'être
en dépit de ma migration vers de nou-
veaux domaines.*

0. Comme sans doute toute science, la linguistique progresse grâce à
des éclairages successifs, éventuellement aussi simultanés, qui orientent
la réflexion vers des aspects divers de l'objet à étudier et qui se définissent souvent en s'opposant les uns aux autres comme s'ils devaient
s'exclure mutuellement, alors qu'ils sont complémentaires et que leur
coexistence s'explique aisément par la complexité de l'objet, saisissable
sous des angles variés. Le heurt des écoles représente simplement, de la
part des chercheurs, une façon très humaine de gérer le traitement de
cette richesse de l'objet.

   L'inconvénient des écoles est qu'elles entraînent souvent un comportement de fermeture de la part d'un groupe qui, adoptant un certain point
de vue, élabore une méthodologie pour en organiser l'exploitation et s'y
enferme, rejetant dans les ténèbres extérieures les autres approches. Le
risque est alors de suivre la logique de la démarche adoptée en abandon-
nant tout souci de la situer par rapport à quelques principes fondamentaux résultant de la nature même de l'objet et qui, à ce titre, constituent
des points d'appui et des repères permanents pour la réflexion.

   Dans le cas des manifestations du langage humain que sont les langues,
on a assisté au cours du XXe siècle à l'éclosion de courants de pensée qui
ont permis d'enrichir considérablement notre vision du fonctionnement
du langage et des langues, mais qui ont aussi entraîné la linguistique à
élargir son domaine à un point tel que le besoin de repères est fortement
ressenti. Beaucoup de linguistes ont le sentiment que, de plus en plus
souvent, les recherches s'éloignent de ce qui constitue pour leur science
le «noyau dur». Les recherches relevant de la pragmatique ont ainsi,
dans les dernières décennies, ouvert un champ immense, mais en même
temps elles ont abordé des phénomènes qui intéressent davantage l'étude
du comportement humain dans la communication langagière que celle du
moyen de communication langagier lui-même: il y a du faire dans le dire
(comme dans le cas des performatifs), mais il y a aussi du faire qui n'est
pas dans le dire, ou plutôt qui n'est pas inscrit dans la structure des outils
du dire, et qui résulte simplement des effets du dire dans des situations

données. Or c'est dans la structure des moyens d'expression que réside le noyau dur des linguistes.

Le noyau dur, dans une science, est précisément ce qui résulte des caractères les plus fondamentaux de l'objet à étudier. Dans le cas des langues, on est fondé à voir leur trait le plus fondamental dans la propriété qui était au centre de l'enseignement de Ferdinand de Saussure lorsqu'il faisait de la linguistique une partie de la sémiologie et caractérisait la langue comme un système de signes associant un signifiant et un signifié. Il résulte de là que l'identification des unités de la langue doit être fondée sur les variations concomitantes du signifiant et du signifié, à tous les niveaux, et qu'un système linguistique s'organise précisément, dans sa spécificité, sur la base de cette concomitance des variations. Ce qui ne s'inscrit pas dans le champ ainsi défini intéresse certes le linguiste, mais se situe hors du noyau dur et en revanche tout ce qui s'inscrit dans ce champ appartient au noyau dur.

Ce dernier point est essentiel, et c'est précisément au nom de ce principe que l'analyse des phrases d'une langue doit intégrer l'ensemble des structures syntagmatiques qui reposent sur des variations concomitantes du signifiant et du signifié: non pas seulement les structures syntaxiques au sens traditionnel, sur lesquelles repose l'organisation de l'énoncé à partir de constituants liés les uns aux autres par des fonctions syntaxiques, mais aussi les structures qui organisent l'information contenue dans les phrases en tant que porteuses de messages. Tel est le sens de l'analyse morpho-syntaxique globale dont les principes sont repris ci-après et qui vise à montrer qu'un ordre de valeurs traditionnellement traité par la stylistique appartient en fait au noyau dur de la linguistique.

Un autre repère essentiel, qui doit toujours être présent à la conscience du linguiste tant il a d'importance pour ses analyses, en synchronie et en diachronie, c'est le fait que si le langage, à travers la ou les langues que nous parlons, nous fournit un instrument pour la saisie du monde, si le système de signes qu'il comporte impose la grille à travers laquelle passe cette saisie, nous ne sommes pas enfermés dans ce mode de saisie. Nous percevons le monde par nos sens et par toute une activité mentale qui nous libère, en quelque sorte, de la grille imposée par la langue. Dans la pratique de la communication langagière, le locuteur exerce de ce fait une sorte de contrôle constant de l'adéquation de ce qu'il produit en utilisant les ressources de sa langue au message qu'il veut émettre. La linguistique, dans son souci de dégager l'autonomie de son objet, a éprouvé le besoin de jeter par-dessus bord tout ce qui relevait de la psychologie et a ainsi eu tendance à écarter tout ce qui, dans sa démarche, viendrait s'interposer entre les contenus attachés aux signes et la réalité extérieure. Mais on n'échappe pas, en fait, à la nécessité de reconnaître une place à un niveau conceptuel, qui doit intervenir dans l'analyse de la production langagière, et dont certains courants de pensée légitiment explicitement l'intervention. Ce n'est pas le lieu, ici, d'ouvrir un débat théorique sur ce problème, mais on le rencontrera dans l'examen de certaines données, en particulier lorsque seront évoqués des phénomènes diachroniques.

L'exposé présenté ici vise d'abord à reprendre dans un essai de synthèse un ensemble de principes dont l'importance a été mise en évidence dans de nombreuses publications antérieures depuis plus de 30 ans, mais qui n'ont pas fait l'objet d'une reconnaissance suffisante dans la pratique des linguistes. D'autre part, l'application de ces principes sera illustrée par l'analyse de traits de structures ou de lignes d'évolution observables dans les langues ouraliennes et plus spécialement en hongrois.

1. Analyse morphosyntaxique globale[1]

L'idée qui a guidé la réflexion générale et orienté les analyses appliquées au français ou aux langues finno-ougriennes a été celle d'une analyse

---

[1] La liste de publications présentée dans ce volume contient beaucoup d'articles qui posent, sous une forme plus ou moins rapide ou développée, les idées essentielles relatives à cette analyse, soit sous une forme générale [«Remarques sur la notion de sujet», in: *Mélanges Marcel Cohen* (La Haye, 1970), 107-112; «Problèmes de structure appliqués au message», *Études finno-ougriennes* 8 (1971), 223-229; «Énoncé et message: deux niveaux d'analyse. Un problème général illustré par deux cas particuliers: faits latins et faits hongrois», *Bulletin de la Société de Linguistique de Paris* 73:1 (1977), X-XIV; «Fonctions syntaxiques, énonciation, information», *Bulletin de la Société de Linguistique de Paris* 73:1 (1978), 85-101; «Morphosyntaxe, sémantique, information», in: *Études de linguistique générale et de linguistique latine offertes à Guy Serbat* (Paris, 1987), 233-238; «À la recherche des structures informatives. Introduction à la journée d'étude du 21 janvier 1989», *Mémoires de la Société de Linguistique de Paris*, N.S. 2 (1994), 9-12; «Éléments pour une typologie des structures informatives», *Mémoires de la Société de Linguistique de Paris*, N.S. 2 (1994), 13-26; «Visée communicative», in: J. Feuillet (éd.), *Actance et Valence dans les langues de l'Europe* (Berlin - New York, 1997), 54-97], soit dans l'approche des faits d'une langue donnée, comme le français (avec tentative d'expérimentation) [«Communication et analyse syntaxique», *Langue française* 21 (1974), 3-7; «Message et apport d'information: à la recherche des structures» (en collaboration avec M. Louzoun), *Langue française* 21 (1974), 122-135; «Ponctuation et structures linguistiques», *Langue française* 45 (1980), 67-76], le latin (à propos de l'ordre des mots) [«L'ordre des mots en latin; préliminaires théoriques», *Actes de la session de linguistique d'Aussois* septembre 1972, 9 p., «Ordre des mots et structures linguistiques», *Langages* 50 (1978), 17-26; «L'ordre des mots dans l'énoncé-message: principes et illustrations», *Tema* 1 (1994), 33-50] et les langues finno-ougriennes [«Prédication et structure syntaxique: un problème général vu à partir du hongrois», in: *Congressus secundus internationalis Fenno-ugristarum (Helsinki, 1965)*, vol. I (Helsinki, 1968), 402-407; «Observations sur la structure de l'énoncé en hongrois», *Bulletin de la Société de Linguistique de Paris* 62:1 (1967), 123-133; «Accent et syntagme prédicatif en hongrois», in: *Congressus quartus internationalis Fenno-ugristarum* (Budapest 1981), 334-338; «Sur l'ordre des mots», *Actes du Ve colloque franco-finlandais de linguistique contrastive* (Helsinki, 1995), 197-210]; comparaison du latin et du hongrois: «Liberté et contrainte dans l'ordre des mots: la régulation syntaxique des variations en latin et en hongrois», *Tema* 1 (1994), 11-30 [texte publié par ailleurs dans M. Tukia (éd.), *La linguistique française* (*Contrastes* 24-25, 1994-1995), 73-86].

morphosyntaxique globale, c'est-à-dire prenant en considération non pas seulement la structure des énoncés, qui constitue traditionnellement la matière de la syntaxe où sont mises en évidence les fonctions syntaxiques réglant les relations entre constituants, avec les moyens morphologiques qu'elles mettent en jeu, mais aussi d'autres structures, également d'ordre syntagmatique, qui organisent des relations d'un autre ordre dans le cadre de l'unité phrastique: celles qui organisent les fonctions informatives, c'est-à-dire la stratégie mise en œuvre par le locuteur pour construire son message en différenciant dans la chaîne parlée des segments assurant dans cette construction des fonctions distinctes.

L'idée depuis bien longtemps exposée (sous forme d'indication rapide en 1965, puis dans un cadre général en 1978)[2] selon laquelle l'analyse des phrases doit intégrer la structuration du message, c'est-à-dire du contenu informatif attaché à l'unité phrastique émise, va de pair avec l'idée que la prosodie fournit au signifiant de la phrase une composante essentielle, trop souvent escamotée. Non pas que la prosodie, et en particulier l'intonation, soit le moyen d'expression spécifique de cette organisation du message, même si elle y concourt puissamment. Mais il y a entre l'ordre de valeurs que met en jeu l'organisation du message et le type de signifiant que fournit l'intonation une analogie qui explique un effet de rejet ou de marginalisation analogue de la part de nombre de linguistes.

La scientificité de l'analyse a trouvé son fondement, pour l'essentiel, dans le traitement des unités discrètes de différents niveaux: c'est le cadre de la «double articulation»[3], où les unités distinctives et les unités significatives sont soumises à une analyse de même type dégageant les oppositions entre les unités ainsi que leur combinatoire. La syntaxe de la phrase ne prend alors en considération que la combinaison des unités significatives des différents niveaux: constitution des mots par combinaison de lexèmes et de morphèmes, constitution des syntagmes par combinaison des mots, constitution de l'énoncé par combinaison des syntagmes.

---

[2] Voir «Prédication et structure syntaxique: un problème général vu à partir du hongrois», *a.c.* [note 1]; «Fonctions syntaxiques, énonciation, information», *a.c.* [note 1].

[3] La publication en France des *Éléments de linguistique générale* d'André Martinet (Martinet 1960) a popularisé la doctrine de la double articulation, qui orientait son enseignement vers une saisie de l'ensemble des structures de la langue au moyen des concepts élaborés par la phonologie. L'application de cette méthodologie, adaptée à un ordre de faits où la distinctivité est le critère essentiel et donc peu faite pour saisir dans sa spécificité et dans sa complexité le domaine des unités significatives, associant un signifié à un signifiant, a inévitablement entraîné une conception réductrice de la morphosyntaxe. Celle-ci ne pouvait trouver ses vraies dimensions, tout en conservant l'acquis méthodologique du fonctionnalisme d'inspiration phonologique, qu'en abordant de front les problèmes posés par le sens, c'est-à-dire en prenant en compte tous les aspects de la communication langagière qui concourent à construire le contenu véhiculé dans les actes de langage.

L'agencement des énoncés apparaît pourtant comme étant d'une complexité qui exige plus que l'identification des unités qui s'y assemblent dans une hiérarchie de niveaux.

Il est clair qu'un énoncé ne s'actualise dans une communication réelle que doté d'une enveloppe prosodique; très faiblement suggérée dans l'écriture par les signes de ponctuation, elle est trop facilement tenue pour d'importance secondaire, alors qu'elle peut à elle seule différencier la signification attachée à deux énoncés offrant la même séquence d'unités, mais véhiculant des informations différentes: selon que le mouvement significatif de la voix (le passage à la descente caractéristique de l'assertion) se situe sur *aux Antilles* ou sur *l'année dernière*, l'énoncé *Pierre est allé aux Antilles l'année dernière* apportera une information concernant la destination de Pierre l'année dernière ou la date de son voyage aux Antilles. La même distinction peut être réalisée par une variation dans l'ordre des mots: en français, l'énoncé cité, avec cet ordre, informe normalement sur la date du voyage aux Antilles dont il est question, et s'il s'agissait d'indiquer la destination du voyage de Pierre l'année dernière, c'est *aux Antilles* qui viendrait en dernière position; mais c'est toujours l'intonation qui est décisive, et elle peut imposer l'autre interprétation informative, le moins probable, de cette même séquence.

Par ailleurs, l'agencement des unités elles-mêmes comporte des anomalies apparentes qui viennent perturber l'analyse des fonctions dans l'énoncé: dans *il s'est produit une catastrophe*, formule plus probable qu'*une catastrophe s'est produite*, le grammairien est arrêté par la coexistence de deux unités qui l'une et l'autre font référence à ce qu'il identifie comme le sujet: *il* «pronom sujet» et *une catastrophe,* constituant qui semble délogé de la place du sujet, qu'il a sémantiquement vocation d'occuper. Parler de nuances différenciant les deux phrases n'est pas analyser le phénomène, dont il faut pourtant rendre compte. Dans *c'est une catastrophe qui s'est produite* (et non un accident léger), le grammairien perçoit un «tour» *c'est ... qui ...* dont la fonction est d'ajouter à la valeur des deux énoncés cités précédemment, et posant de façon neutre l'événement survenu, l'information complémentaire que l'événement doit être conçu comme une catastrophe et non comme un incident sans gravité: le «tour» *c'est ... qui ...* apparaît comme un procédé d'emphatisation et non pas comme une prédication assumant sa fonction normale d'identification comme dans *c'est le gâteau que je préfère*; il s'agit d'une prédication auxiliaire fonctionnant au niveau de l'énonciation comme fonctionnent les verbes auxiliaires au sein des formes verbales dites composées.

Ces phénomènes ne s'interprètent de façon satisfaisante que si l'on y reconnaît l'interférence des deux structurations qui déterminent conjointement la morphosyntaxe d'une phrase: celle de ce qu'on peut convenir d'appeler l'énoncé, résultant des relations établies entre les unités significatives qui s'y combinent, et celle du message résultant de l'organisation de l'information véhiculée par la phrase. Mais il est clair que, la structuration du message faisant très largement intervenir la prosodie et l'ordre des éléments, c'est-à-dire deux types de phénomènes qui, au plan du signifiant, introduisent autre chose que le jeu des unités constituées par les combinaisons de phonèmes, il faut poser comme un principe d'analyse essentiel la prise en compte du signifiant global, qui inclut l'intonation au même titre que les données phoniques relevant de l'analyse phonémico-phonétique.

Or c'est là que surgit une interrogation sur l'éventuelle différence de nature entre deux ordres de phénomènes mêlés dans les réalisations langagières, les uns mettant en œuvre des unités discrètes, les autres des variations inscrites dans un continuum, différence de nature qui se manifesterait à la fois au plan du signifié et au plan du signifiant: au plan du signifié, d'un côté des valeurs organisées par un jeu d'oppositions entre unités discrètes fondées sur des traits pertinents et de l'autre une infinité de nuances relevant de la stylistique plutôt que de la linguistique; — au plan du signifiant, d'un côté des unités discrètes fondées sur leur constitution phonologique, de l'autre des variations qui ne peuvent entrer dans le cadre de la double articulation parce qu'elles ne se présentent pas dans des séquences analysables en unités phonologiques discrètes.

Cette interrogation est alimentée par beaucoup de confusions. Au plan du signifié, les valeurs relevant de l'organisation de l'information ont été traitées de façon floue tant qu'on n'a pas cherché à sortir de notions vagues comme celle de «mise en valeur», de «mise en relief», d'«insistance», ou de concepts plus ou moins logiques et non linguistiques comme ceux qui s'attachent aux termes traditionnels tels que «thème» et «rhème»; mais la tâche du linguiste consiste à définir, en ce qui concerne l'organisation de l'information, de véritables fonctions sur la base d'une analyse de la stratégie communicative mise en œuvre par le locuteur. C'est ce qui sera abordé plus loin; le développement des travaux menés dans le cadre de la pragmatique contribue à faire entrer ces recherches dans le champ de la linguistique.

Au plan du signifiant, si une infinité de variations possibles caractérise l'enveloppe mélodique d'une phrase et fait varier le message dont elle est porteuse, donnant le sentiment d'un continuum, cette situation tient à la complexité des fonctions assumées par la voix dans la communication, et principalement au fait qu'elle combine l'expression de deux faces du comportement du locuteur à l'égard de celui à qui s'adresse son message. D'une part, il fait choix d'un certain type d'appel en modalisant son message comme apportant à l'auditeur une information (assertion), comme l'invitant à une réponse (interrogation) ou à une autre forme, plus ou moins affective et non linguistique, de réaction (exclamation), ou enfin comme lui enjoignant un acte (injonction). D'autre part, il fait passer dans ce message modalisé l'expression de sa propre attitude à l'égard du contenu qu'il véhicule, par exemple en affectant une interrogation d'une marque d'impatience ou de scepticisme. Les phonéticiens ont aujourd'hui le moyen de repérer dans le donné que leur livrent les chaînes parlées les manifestations de ces éléments mêlés de façon très complexe[4] et peuvent dégager des unités distinctives auxquelles a été appliqué le terme d'intonèmes, qui marque leur caractère distinctif comparable à celui des phonèmes. L'étude de la courbe correspondant à une chaîne donnée permet d'identifier des contours dont les caractéristiques sont mises en rapport avec la segmentation de la chaîne telle que l'organise la structuration de l'information. Mais il a fallu la perspicacité de phonéticiens linguistes comme Bertil Malmberg et Georges Faure, qui ont de bonne heure osé affirmer la possibilité de reconnaître des unités discrètes dans la prosodie[5].

2. La saisie des structures informatives exige elle-même, pour s'intégrer à l'analyse syntaxique élargie, une rupture avec les a priori hérités d'une tradition non linguistique. Cette tradition postule une structure binaire comportant un thème et un rhème, structure qui ne fait que traduire la conception selon laquelle le contenu phrastique prédique quelque chose (qui a une fonction de rhème) à propos de quelque chose (qui a une fonction de thème), schéma binaire dont rien n'établit la validité linguistique.

Les réflexions qui ont été exposées dans divers articles depuis plus de trente ans conduisent à l'idée que les deux structurations, celles de l'énoncé et celle du message, ont en commun de comporter un élément

---

[4] Il faut signaler en particulier les recherches menées depuis longtemps et les nombreux travaux publiés par I. Fónagy; voir son livre *La vive voix* (Fónagy 1983) avec une abondante bibliographie, et ultérieurement Fónagy (1989).

[5] Dès 1966, B. Malmberg soutenait qu'il est «possible, dans n'importe quelle langue, de décrire l'intonation de la phrase à l'aide d'un nombre très restreint d'unités phonologiques» et que si, dans le domaine de la prosodie, il est difficile de faire le départ entre l'arbitraire et le motivé, entre le continu et le discret, il est erroné d'en conclure qu'on est là en présence de «niveaux de la communication humaine»... «basés en principe sur des éléments non discrets, donc non linguistiques» (Malmberg 1966: 104 et 107). Quelques années plus tard, G. Faure apportait une contribution importante à l'étude des «unités *discrètes* que l'on peut extraire du continuum prosodématique comme on extrait les phonèmes du continuum phonématique» (Faure 1970: 93-108). Cette orientation a suscité dans les années 70 de très importants travaux de chercheurs comme Pierre Léon, Philippe Martin (notamment Léon et Martin 1970) ou Mario Rossi, qui a même proposé de reconnaître dans le fonctionnement de l'intonation une troisième articulation (Rossi 1977).

Ces vues contrastent avec l'enseignement diffusé peu auparavant par A. Martinet (1960), qui dans ses *Éléments de linguistique générale*, ne reconnaissait comme unités discrètes fondées sur la mélodie que les tons: il ne voulait voir dans l'intonation que «ce qui reste de la courbe mélodique une fois qu'on a fait abstraction des tons et des faits accentuels» (p. 78), et ne lui attribuait que des «fonctions mal différenciées».

nucléaire nécessaire et suffisant pour constituer l'unité énoncé ou l'unité message: le prédicat dans le cas de l'énoncé, le rhème dans le cas du message; l'énoncé peut donc se réduire à un prédicat et le message au rhème. Si l'énoncé met en contraste, sur le plan syntagmatique, plusieurs constituants, alors interviennent les actants et les circonstants, dont les fonctions ne se laissent pas ramener à des valeurs universelles: il n'existe aucune définition universelle de la relation subjectale (ou de la relation objectale), même s'il est possible de cerner un certain nombre de traits toujours au moins partiellement représentés dans les propriétés du sujet à travers la diversité des langues.

Il semble au contraire possible de considérer les fonctions qui se déterminent par rapport au noyau du message comme fondées sur une nécessité universelle qui tient au fait que la production de l'information véhiculée par le message se construit dans le temps, c'est-à-dire dans le déroulement même de l'émission de l'unité phrastique, et qu'ainsi la position avant ou après le noyau correspond à deux fonctions-types à caractère universel, liées à la position même des segments qui les assument: d'une part, avant le noyau, ce qu'on appelle traditionnellement le thème, et d'autre part, après le noyau rhématique, un constituant généralement négligé, mais dont la réalité est bien mise en évidence dans certains modèles de phrases en français: il s'agit des phrases où un constituant est éjecté de l'énoncé après le noyau prédicatif comme il peut l'être avant, ce qui correspond à cette fonction dite quelquefois très improprement de «thème postposé», une fonction d'ajout destiné à apporter un complément qui lève une ambiguïté possible ou apporte une référence à un élément déjà présent dans le champ de la communication ou dans l'acquis du récepteur du message. Une phrase comme *je l'ai déjà visité, ce château*, symétrique de *ce château, je l'ai déjà visité*, avec la même éjection du constituant *ce château* hors de l'énoncé, où il est représenté par *l(e)*, illustre bien la possibilité de mettre en contraste avec le rhème un constituant qui le suit, et, dans cet exemple, par le même procédé syntaxique d'extraction ou éjection qui sert à poser fortement en fonction de thème un constituant précédant le rhème. La structure syntagmatique qui s'organise ainsi par contraste autour du noyau rhématique affecte bien le contenu informatif du message, ou plus exactement la stratégie à laquelle le locuteur a recours pour présenter ce contenu: le noyau, qui a pour fonction de poser l'information, peut être précédé d'un segment qui a pour fonction d'introduire un élément servant de support, en quelque sorte, à cette information, et peut être suivi d'un élément qui, l'information étant posée, y apporte un complément dont le contenu, d'une manière ou d'une autre, assure mieux l'interprétation du message.

Plutôt que les termes de thème et de rhème, rendus dangereux par l'usage qui en a déjà été fait dans la tradition, on a proposé de parler de

support et d'**apport**, et le troisième terme nécessaire est alors celui de **report** pour le constituant postrhématique[6].

La réalité linguistique de cette structuration du message est validée par la prise en compte du signifié et du signifiant conjointement; le signifiant fait intervenir essentiellement la prosodie, qui souvent constitue à elle seule le signifiant, tandis que la rupture syntaxique que constitue l'éjection dans l'exemple utilisé pour le français produit un marquage fort du contraste entre support et apport.

3. D'autre part, la structuration de l'information comporte, outre ce contraste entre constituants, le marquage particulier d'un constituant, marquage qui est interprété comme une mise en valeur de ce constituant, mais dont la fonction doit être définie d'une manière plus précise à l'aide de notions concernant la charge informative du message. Les termes souvent utilisés de focalisation ou d'emphase s'appliquent au contenu informationnel dont le rhème ou apport est porteur, lorsque le constituant qui véhicule ce contenu est posé comme objet d'une sélection qui exclut les autres termes appartenant au même paradigme.

Le français standard réalise ce marquage en recourant à *c'est ... qui/ que ...,* là où une langue comme le hongrois, à ordre des mots «libre», se borne à intégrer le terme emphatisé au syntagme prédicatif en le plaçant immédiatement devant le verbe et en en faisant le sommet renforcé (syllabe soulignée ci-après) de l'unité accentuelle dans laquelle il s'intègre ainsi:

français	*l'enfant a mangé la pomme*	hongrois	*a gyerek | megette | az almát*
	c'est l'enfant qui a mangé		*a g<u>ye</u>rek ette meg | az almát*
	la pomme		
	c'est la pomme que l'enfant		*a gyerek | az <u>al</u>mát ette meg*
	a mangé		
	(et non autre chose)		

(*a gyerek* «l'enfant»; *megette: meg* préverbe, *ette* 3e sg. prétérit objectif du verbe «manger» — le préverbe est rejeté après le verbe pour céder sa place au terme emphatisé —; *az* article défini, *almát* accusatif de «pomme»).

Ce type de marquage de l'apport, appelé ici emphase, constitue dans l'organisation de l'information un phénomène paradigmatique en face

---

[6] Le terme d'*antitopique* (*antitopic*, faisant pendant à *topic*, employé pour désigner le support) a été utilisé par K. Lambrecht (1981) dans une excellente monographie où sont étudiées les phrases françaises à éjection du type évoqué ici. Il est exclu de parler de «thème postposé», comme on l'a fait à partir d'une conception non linguistique du thème, la fonction du constituant postrhématique n'ayant rien de commun avec celle du constituant antérhématique.

du phénomène syntagmatique qui établit le contraste entre l'apport, le support et le report.

4. La coexistence des deux structurations de nature syntagmatique, celle de l'énoncé et celle du message, apparaît dans ces exemples comme ne se réalisant pas sur un pied d'égalité: c'est le message qui constitue la structuration dominante, celle qui peut régler, en définitive, jusqu'à la délimitation des syntagmes dans l'énoncé; c'est en effet ce qui se produit en hongrois où la mise en emphase d'un constituant détermine la constitution du syntagme prédicatif.

Cette constatation rejoint un fait aisément constatable dans les productions langagières, où souvent l'intonation contredit le verbal, par exemple en effaçant ou en déviant fortement le caractère interrogatif que donnerait normalement à un énoncé son organisation morphosyntaxique: en pareil cas, c'est toujours la voix qui a raison et qui l'emporte sur les signes. C'est le «double encodage» bien mis en évidence par I. Fónagy (1983: 13sv.). De la même façon, l'organisation de la phrase est d'abord déterminée par la stratégie informative du locuteur, qui introduit le cas échéant le contraste entre le noyau, c'est-à-dire l'apport, et les constituants en fonction de support et de report. Selon les langues, cette structuration de l'information entraîne des effets variables sur celle de l'énoncé. En français, elle donne lieu notamment à ces phénomènes d'éjection de constituants qui viennent d'être mentionnés, ou à ces prédications auxiliaires[7] comme *c'est ... qui/que ...* ou d'autres «tours» comparables (*il y a ... qui ..., j'ai ... qui ...: il a / j'ai un tuyau qui fuit*, formules servant à introduire un élément qui doit donner lieu à une prédication sans être déjà dans le champ de la communication, c'est-à-dire formules introduisant un support).

Une séquence phrastique reste virtuelle tant qu'elle ne reçoit pas une enveloppe prosodique qui a pour effet de lui conférer en même temps la modalité (assertion ou autre) et une structure informative: une même séquence de signes comme *l'épidémie a fait beaucoup de victimes dans le midi* peut correspondre à plusieurs messages distincts: ainsi le constituant final *dans le midi* peut appartenir à l'apport ou constituer un report, l'apport étant *beaucoup de victimes*. C'est le contraste entre les contours prosodiques qui exprime le choix informatif du locuteur.

En hongrois, les grandes possibilités de variations dans l'ordre des constituants imposent des choix informatifs pour l'organisation de l'énoncé. Pour prédiquer le fait que j'écris (*írok*) une lettre (*levelet*) à Pierre

---

[7] Sur cette notion de prédication auxiliaire et les manifestations du phénomène en français, voir «Les auxiliaires d'énoncé», in: *Mélanges linguistiques offerts à Émile Benveniste* (Paris – Louvain, 1975), 447-453.

(*Péternek*), je dois, pour régler la disposition des constituants et donc organiser l'énoncé, faire des choix informatifs que les traductions françaises rendent de façon maladroite ou forcée:

a) *levelet írok Péternek*   «j'écris une lettre à Pierre»
b) *Péternek írok levelet*   «c'est à Pierre que j'écris une lettre»
c) *levelet Péternek írok*   «une lettre, c'est à Pierre que j'en écris une»
etc.

et qui font varier, en même temps que l'ordre des mots, la réalisation prosodique (intonation et accent, normal ou renforcé). Ces variations imposent dans l'analyse de la phrase hongroise la prise en compte conjointe de l'organisation de l'énoncé et de l'organisation du message, même si entre toutes les formules possibles apparaissent des différences de statut, qui permettent de considérer que pour un énoncé défini par une structure morphosyntaxique donnée il existe une formule «neutre» en face de formules «marquées»; ainsi l'énoncé *a)* apparaît comme «neutre» pour une structure syntaxique comportant un objet générique, normalement intégré comme déterminant au syntagme verbal, et un actant destinataire, tandis que *b)* et *c)* sont «marqués» par le fait que la position privilégiée (celle du déterminant précédant le mot verbal) y est occupée par le destinataire, qui ne peut être ainsi traité que s'il est emphatisé et à ce titre intégré au syntagme verbal dans une unité accentuelle dont il porte l'accent avec une réalisation renforcée.

5. Le contraste qui apparaît entre le hongrois et le français dans le marquage de l'emphase, avec en hongrois cette intégration obligatoire du constituant emphatisé dans le syntagme prédicatif en fonction de déterminant du verbe, et en français le recours à *c'est .... qui/que ...*, ne doit pas masquer l'analogie profonde qui rapproche les deux procédés: ils ne sont que les manifestations divergentes d'un même principe, qui produit des effets différents dans les deux langues en fonction des différences fondamentales entre les deux systèmes linguistiques. Ce principe, c'est que, pour la réalisation d'une fonction informative forte, il y a coïncidence des noyaux des deux structures, celui du message et celui de l'énoncé; le noyau du message, c'est-à-dire l'élément dominant de l'apport, coïncide avec le noyau prédicatif de l'énoncé. En hongrois, c'est l'intégration du constituant emphatisé au syntagme prédicatif comme déterminant du verbe, c'est-à-dire comme élément dominant de ce syntagme prédicatif; en français, c'est le recours à une prédication qui a pour fonction d'introduire l'identification du terme posé comme objet de sélection exclusive en même temps que la relativisation, c'est-à-dire la subordination, de ce qui est le prédicat dans la formule neutre.

À ces manifestations de concordance entre les noyaux des deux structures s'opposent des situations où le prédicat, noyau de l'énoncé, n'est pas le noyau informatif et ne peut pas être traité comme apport. Ces situations se présentent dans certains types de prédication, qui d'une manière générale peuvent être dits existentiels-événementiels, les prédications événementielles constituant le correspondant actif des prédications existentielles, statiques; les unes et les autres se rencontrent dans un même trait: le fait d'exister ou de se produire posé par le verbe est, du point de vue informatif, dominé par l'existant ou par l'événement, qui fournit donc le noyau informatif. De là, c'est-à-dire d'une donnée qui tient à notre structure mentale, vient le fait que très souvent et dans les langues les plus diverses, les prédications existentielles ou événementielles présentent des particularités dans leur réalisation morphosyntaxique.

Dans une langue comme le hongrois, il ne se passe rien d'apparent dans ce type de prédication, où le sujet grammatical d'une proposition d'existence, précédant normalement en tant que sujet le prédicat, et le précédant immédiatement en l'absence d'autre actant (absence normale dans ce type de propositions), occupe une position qui lui permet d'être intégré au syntagme prédicatif et d'en être l'élément prosodiquement dominant comme l'est un constituant emphatisé. C'est précisément ce qui se produit: au lieu d'être en fonction thématique, le sujet est ici intégré à l'apport: *csend van* «il y a du silence», et de même, dans l'expression de la possession: *pénze van* «il a de l'argent» (litt. argent-sien existe). L'ordre inverse apparaît s'il s'agit, dans des conditions contextuelles ou situationnelles données, de prédiquer la réalité de l'existence ou de l'appartenance, c'est-à-dire si l'existant n'est plus l'élément informatif dominant: *(neki) van pénze* «il a [bel et bien] (, lui,) de l'argent» (litt. (à lui) est argent-sien).

En français, la situation est très différente. Le sujet grammatical précède le prédicat et seule la langue parlée, utilisant les ressources de la prosodie, peut en faire l'apport du message sans en modifier la place; dans la langue standard, l'ordre sujet—prédicat n'est pas modifiable, or le rôle d'apport de ce constituant lui impose de venir après le support représenté par le prédicat: il y a ainsi une structure croisée de l'énoncé et du message, situation conflictuelle qui est résolue au bénéfice de l'exigence informative, ce qui constitue une nouvelle vérification de la priorité donnée aux valeurs informatives sur la morphosyntaxe. Le constituant nominal se place après le verbe et n'est plus alors traité comme le sujet: il devient ce que G. Lazard appelle «l'actant H», et le verbe s'actualise comme forme de 3ᵉ personne par recours à l'indice actanciel *il*; il n'y a pas de variation en nombre commandée par le constituant nominal, qui ne fonctionne plus comme un sujet: *il existe une/plusieurs solution(s)*. Du même coup, le prédicat verbal, autonome par rapport à cet «actant H», comporte une forme réduite à une sorte de particule prédicative: *il y a* [ya].

6. Le hongrois a fourni un exemple de structuration du message réalisée par le seul jeu combiné de l'ordre des mots et de la prosodie. Un autre exemple peut être fourni par le finnois, qui appartient à la même famille, mais qui organise la phrase selon des règles nettement différentes de celles du hongrois. Malgré ces divergences, qui tiennent pour l'essentiel au fait que le finnois pratique l'ordre SVO comme formule non marquée alors qu'en hongrois l'objet n'est pas traité de la même façon selon qu'il est ou non spécifié (le hongrois oppose article défini/article indéfini/article zéro tandis que le finnois n'a pas d'articles), le finnois, comme le hongrois, est donné comme une langue à ordre des mots «libre», c'est-à-dire ouvert à des variations qui, conjointement avec l'organisation prosodique, sont exploitées pour la structuration du message.

Soit un énoncé de base[8] constitué des termes *Mikko* «Michel» (nominatif sing.), *pesi* «a lavé» et *astiat* «la vaisselle» (nominatif-accusatif pluriel en *-t*)

a) *Mikko pesi astiat*
«Michel a lavé la vaisselle»

L'ordre des constituants, par ses variations possibles, détermine différentes interprétations informatives du message; les deux formules suivantes correspondent à une emphatisation du sujet (énoncé *b*) ou de l'objet (énoncé *c*):

b) *Mikko astiat pesi*
«C'est Michel qui a lavé la vaisselle (et non un autre)»
c) *astiat Mikko pesi*
«C'est la vaisselle que Michel a lavé (et non autre chose)»

On constate alors que le terme emphatisé est placé en tête d'énoncé, ce qui n'implique un déplacement que dans le cas de l'objet, et doté (sur la syllabe accentuée, la première) d'un accent renforcé. D'autre part, le marquage emphatisant du sujet entraîne une inversion de la position relative du verbe et de l'objet: la position que l'objet occupe dans *a)* et qui correspond à sa fonction d'élément dominant de l'information dans le syntagme prédicatif qui constitue l'apport, est abandonnée en même temps que cette fonction informative dominante, laquelle passe au sujet qui devient l'apport, marqué d'emphase.

Le finnois a une autre possibilité de faire du sujet l'apport du message, une possibilité qui lui confère cette fonction sans introduire la sélection exclusive de l'emphase. Cette possibilité est réalisée par la formule suivante:

d) *astiat pesi Mikko*

---

[8] L'exemple est emprunté à Maria Vilkuna, dont l'ouvrage consacré à l'ordre des mots en finnois (Vilkuna 1989) a fait l'objet d'un examen critique dans une publication antérieure: «Sur l'ordre des mots», *a.c.* [note 1].

c'est-à-dire un ordre OVS, qui correspond à ce que réaliserait en français un recours à la construction passive: «la vaisselle a été lavée par Michel». En finnois comme en français, c'est alors l'objet qui fonctionne thématiquement; mais là où le français doit recourir à un changement de diathèse, le finnois se contente d'exploiter une variation dans l'ordre des constituants.

7. Il y a donc des différences très sensibles dans les marques d'expression des valeurs informatives entre une langue comme le français, qui admet peu de variations dans la disposition des constituants fondamentaux de l'énoncé (avec cette réserve que la langue parlée manifeste une souplesse plus grande) et des langues à ordre des mots «libre» comme le hongrois ou le finnois. La différence la plus apparente consiste en ce que le marquage des fonctions informatives entraîne en français des «perturbations» syntaxiques par rapport aux formules neutres: recours à des prédicats auxiliaires ou procédé d'éjection.

C'est sur ce dernier procédé qu'il y a lieu de revenir pour soulever une question relative aux critères d'identification du support en français d'une part, dans une langue comme le hongrois ou le finnois d'autre part. L'éjection marque par elle-même une rupture: elle affecte un segment de la phrase qui est coupé du reste de l'énoncé par une pause, par une discontinuité mélodique, et par le fait que le constituant ainsi traité est représenté dans l'énoncé par un élément comme les «pronoms» *il(s), elle(-s), le, la, les* etc.:

> *Pierre, il reprendra le travail demain*
> *Pierre, je le rencontrerai demain*
> *Pierre, je lui donnerai du travail demain.*

Cette situation hors du centre d'énoncé est autrement celle de constituants pour lesquels on ne parle pas d'éjection parce qu'elle constitue leur situation normale s'ils se situent en tête d'énoncé; ce sont les circonstants de divers types: syntagmes nominaux avec ou sans relateur, propositions subordonnées, etc.

> *La semaine prochaine, Pierre reprendra le travail*
> *Si tout va bien, Pierre ira travailler demain*
> etc.

Pour les actants, en revanche, la situation est différente: la place initiale n'est pas normalement celle de l'objet ni celle du destinataire. L'éjection avec représentation dans le centre d'énoncé est un marquage net de thématisation pour des constituants normalement intégrés à l'apport. Pour le sujet, en revanche, dont la position devant le syntagme prédicatif est normale, il s'institue une opposition entre son traitement dans la formule neutre et son traitement par éjection:

> *Pierre reprendra le travail demain*
> *Pierre, il reprendra le travail demain*

Faut-il considérer qu'il n'y a de contraste entre support et apport que dans la phrase à éjection? On enseigne volontiers que le sujet d'un énoncé a une vocation thématique: faut-il alors considérer que dans l'énoncé lié il y a thématisation simple du sujet, et dans l'énoncé scindé thématisation forte (éventuellement renforcée encore par recours à un introducteur comme *quant à ..., en ce qui concerne ...*)?

Il doit d'abord être clairement posé que la fonction de support ne peut être identifiée que s'il y correspond un signifiant et non pas sur le critère non linguistique selon lequel le constituant en cause représente ce à propos de quoi est posée l'information. Le signifiant est clairement identifiable dans les traits qui définissent l'éjection; dans un énoncé lié, il y a certes un contraste qui s'établit dans la ligne mélodique entre deux ou plusieurs segments successifs; dans un énoncé assertif, de structure simple comme *Pierre travaille*, la voix descend sur le prédicat verbal après une montée sur le sujet (encore que des réalisations diverses soient possibles); dans un énoncé plus complexe, c'est en français l'élément final qui le plus souvent est le véritable noyau informatif, et la descente de la voix se réalise sur cet élément, qui n'est pas nécessairement le prédicat verbal: ce sera *demain*, le plus vraisemblablement, qui dominera l'information dans *Pierre reprendra le travail demain* de sorte que le segment «thématique» devrait inclure le sujet et le groupe verbe-objet: faut-il identifier *Pierre reprendra le travail* comme le support de ce message? Le seul critère utilisable, dans un énoncé lié, pour identifier un contraste support-apport, est l'existence d'une rupture nette dans la ligne mélodique. En fait, selon le type de réalisation d'un énoncé comme celui-là, il y a ou il n'y a pas établissement d'un contraste. S'il n'y a aucune rupture perceptible, mais seulement une succession de segments mélodiques diversement orientés, il n'y a pas lieu de parler d'un contraste support/apport, et il s'agit seulement de segments successifs identifiables dans le déroulement de l'apport; celui ou ceux qui précèdent le mouvement mélodique caractéristique de l'apport, qui se situe sur le noyau informatif proprement dit, ne sont que la partie montante de l'apport, lequel ne se réduit pas nécessairement au noyau informatif lui-même.

En hongrois, la grande souplesse de l'ordre des constituants permet de maintenir une formule d'énoncé lié, sans rupture, en plaçant un actant comme l'objet ou le destinataire devant le syntagme verbal où se situe l'apport, et la formule est souvent pratiquée précisément pour l'objet; ainsi dans la phrase suivante, empruntée à Gyula Illyés, *Puszták népe*, p. 5:

A parasztok lelkivilágát   jó ideig   csak   hallomásból ismertem
les paysans leur psychologie (acc.) longtemps seulement par ouï-dire j'ai connu
«La psychologie des paysans, pendant assez longtemps je ne l'ai connue que par ouï-dire».

La même remarque peut être faite pour le finnois, où dans l'énoncé cité plus haut, *astiat pesi Mikko*, litt. «la vaisselle (objet) a lavé Michel (sujet)», c'est-à-dire «la vaisselle a été lavée par Michel», l'objet *astiat* «vaisselle» figure en tête d'un énoncé lié dont le noyau informatif est *Mikko*.

Le hongrois n'en a pas moins la possibilité de réaliser le cas échéant une éjection avec reprise du terme support dans le centre d'énoncé: *bab, az van* «des haricots, il y en a» (litt. «haricot, ça il y a») (Móricz, *A boldog ember*, p. 14).

On voit ainsi se constituer, aussi bien en français qu'en hongrois ou en finnois, une organisation du message qui, tout en s'appliquant à la même chaîne parlée, correspondant à la même phrase, peut y déterminer une structuration syntagmatique indépendante des fonctions syntaxiques de l'énoncé; mais cette situation est réalisée beaucoup plus facilement en hongrois ou en finnois qu'en français, où le phénomène d'éjection est très développé.

En ce qui concerne le contraste entre apport et report, il faut observer que l'existence d'une rupture mélodique nettement marquée qui accompagne l'éjection dans le type français *je l'ai déjà visité, ce château* se manifeste aussi en hongrois dans un type d'énoncés très représenté où c'est le verbe qui constitue le report, l'élément informatif étant le sujet: s'il s'agit d'annoncer la station qui vient dans le métro, ou l'heure qui va être signalée à la radio, le verbe «suit» (*következik*) est en deuxième position après le nom de la station ou l'indication de l'heure (*Kossuth tér következik* «place Kossuth suit», c'est-à-dire «prochaine station: place Kossuth»; *hat óra következik* «six heures suit», c'est-à-dire l'équivalent de «au 4e top, il sera six heures»), une nette rupture est créée par le fait que la chute de la voix se réalise totalement sur le syntagme qui précède le verbe.

8. La pratique de l'analyse appliquée aux structures syntagmatiques de la phrase exige le respect de principes qui valent aussi bien pour les fonctions syntaxiques dans le cadre de l'énoncé que pour les fonctions informatives du message.

Deux principes essentiels doivent être mis en évidence. Le premier est le respect de la hiérarchie que comporte l'organisation syntagmatique. La reconnaissance de cette hiérarchie a joué un rôle décisif dans le développement de la linguistique en inspirant la théorie des constituants immédiats, établie principalement par L. Bloomfield et exploitée par la méthodologie de l'analyse distributionnelle, corps de doctrine dont est partie la réflexion qui a produit le mouvement générativiste. Pourtant la pratique des linguistes ne tient pas toujours compte, tant s'en faut, de cette hiérarchie, et fonde souvent l'identification des fonctions syntaxiques sur les références dont les signes linguistiques sont porteurs plutôt que sur leur position dans la hiérarchie syntagmatique, ce qui entraîne une confusion dans l'usage des termes qui désignent ces fonctions.

Un exemple frappant est celui du mode de représentation dans l'énoncé des participants engagés dans le procès exprimé par un prédicat verbal. Ainsi celui qui, dans l'analyse morphosyntaxique, va être identifié comme le «sujet»: faut-il considérer que la même fonction de sujet peut être reconnue pour *l'enfant* dans *l'enfant joue* et pour *il* dans *il joue*? Oui, si on identifie la fonction comme référence à l'entité désignée, en l'occurrence le participant, non si on définit la fonction dans le cadre de la structure morphosyntaxique de l'énoncé. Ce qui est écrit à ce propos dans une publication de 1970[9] pourrait être repris aujourd'hui presque intégralement, soit en substance ceci: l'actualisation d'une forme verbale dans un énoncé dont elle fournit le prédicat est une contrainte qui a plusieurs manifestations, dont l'une est de faire référence à au moins un participant comme une autre est de situer le procès dans le temps; mais au plan morphosyntaxique cette référence peut être réalisée soit par un syntagme nominal partenaire du syntagme verbal dans la relation prédicative, soit au sein même du syntagme verbal et du mot verbal lui-même, sous la forme de ce que la grammaire scolaire appelle improprement le pronom sujet et qui n'est qu'un indice personnel préposé au mot verbal. Le texte des *Mélanges Marcel Cohen*, en 1970, argumentait ainsi (p. 108-109):

«Le 'pronom sujet' doit être considéré comme partie intégrante de la forme verbale. Les éléments *je, tu, il (ils)* n'assument pas d'autre fonction que celle d'indices de sujet; détachée de la forme verbale, la référence personnelle est exprimée par un autre élément: *moi, toi, lui, eux*. Cette observation ne semble pas valoir pour *nous, vous* et *elle (elles)*, qui se présentent dans les deux situations: *nous, nous travaillons* répond à *moi, je travaille*. Mais il ne faut voir là qu'une identité formelle entre des monèmes de nature différente, identité qui peut sans doute être mise en relation avec la présence d'une marque spécifique commune à ces monèmes de nature différente et les opposant un à un aux monèmes qui ne présentent pas cette identité formelle: *elle(s)* est marqué comme féminin par rapport à *il(s)* et *nous, vous*, s'opposent à *je, tu* par la présence d'une marque qui tient au fait que *nous* porte référence au groupe incluant le locuteur, *vous* au groupe incluant l'auditeur. Que, dans le cas de *elle(s), nous, vous*, il y ait identité formelle de monèmes de nature différente, c'est ce qui ressort de la coprésence possible de ces monèmes différents, malgré leur identité formelle: *nous, nous travaillons*.

Si le 'pronom sujet' n'a d'existence que lié à la forme verbale, de son côté la forme verbale le comporte obligatoirement quand le verbe qui constitue le prédicat est l'unique lexème de l'énoncé: *il joue*. La forme verbale sans

---

[9] «Remarques sur la notion de sujet», *a.c.* [note 1].

«pronom sujet» (*joue*) est exclue, ou correspondrait à un type particulier d'énonciation (on obtient l'impératif, avec un système limité de personnes: *joue, jouons, jouez*).

Ces deux faits complémentaires montrent bien que le «pronom sujet» doit être considéré comme partie intégrante de la forme verbale. Peut-on alors parler d'une *relation syntaxique* de sujet à prédicat? Si le morphème considéré, le «pronom sujet» *il*, est bien indicateur du sujet comme la désinence *-it* de la forme latine *ludit* correspondant à *il joue*, on ne peut définir ce sujet en termes syntaxiques comme on le fait pour *l'enfant*: on est en présence d'un énoncé réduit à un prédicat (maintenons provisoirement ce terme, qui devrait faire l'objet d'une discussion particulière), lequel, représenté par un verbe, comporte des déterminations dont l'une est l'indication du sujet, fournie en partie par le 'pronom' préposé, en partie par la désinence (*-ons, -ez* s'opposant à zéro dans le type verbal de l'exemple considéré)».

La conclusion dénonçait (p. 111) le caractère fallacieux d'une assimilation de ces deux formes de référence au même participant, fondée sur la seule possibilité de substituer l'un à l'autre:

«Il faut donc rompre la symétrie trompeuse des deux types d'énoncé *l'enfant joue* et *il joue*, et considérer que le second type comporte un terme unique: il se réduit à un prédicat verbal où au lexème de base s'associent obligatoirement des déterminations dont l'une est la référence à la personne-sujet.

L'élément porteur de cette référence ne peut, du fait même qu'il est intégré à la forme verbale, être traité comme un constituant de l'énoncé: ce n'est pas un terme chargé de la fonction syntaxique de sujet. Les fonctions syntaxiques se déterminent à un autre niveau de la hiérarchie syntagmatique».

Il n'est donc pas légitime de définir le français comme une langue «où la combinaison sujet-prédicat est formellement obligatoire», affirmation qui n'est possible que si on donne du sujet une définition référentielle: terme désignant un participant que sa relation au procès privilégie[10].

En respectant strictement la distinction entre un actant — constituant d'énoncé auquel convient la dénomination de sujet — et un morphème intégré au mot verbal — auquel peut être appliquée la dénomination d'indice actanciel (il vaudrait même mieux parler d'indice participantiel), on se donne la possibilité de saisir des analogies entre des faits observés dans des langues de structures plus ou moins éloignées, mais comparables fonctionnellement en dépit de réalisations morphologiques de types différents. Ainsi entre la morphologie du verbe français, qui présente cette indiciation dans le verbe non seulement du participant «subjectal» (exprimable par un constituant sujet) mais aussi d'autres participants (*il le lui donne*), et la morphologie verbale de langues à «double conjugaison»

---

[10] Doctrine enseignée dans Martinet (1960: 124-125).

comme certaines langues ouraliennes qui opposent une conjugaison objective ou déterminée à une conjugaison subjective ou indéterminée. Sur ce point aussi, des publications déjà anciennes[11] ont montré qu'une analyse contrastive conduite dans le respect de la hiérarchie syntagmatique permettait de rapprocher français et hongrois: entre *lát* «il/elle voit» (sans objet ou avec objet défini) et *látja* «il/elle le/la/les voit» (avec objet défini exprimé dans l'énoncé ou non), l'opposition s'exprime dans la flexion verbale (ou plutôt dans la suffixation personnelle du verbe) tandis qu'en français les mêmes références (avec même trois possibilités) sont réalisées par des indices précédant le lexème verbal ou l'auxiliaire (*il le lui a donné*).

Il faut d'ailleurs observer que la notion de signifiant discontinu, qui peut avoir sa légitimité dans certains cas, peut aussi se révéler dangereuse en négligeant les conditions de fonctionnement propres à chacun des segments interprétés comme parties d'un même signifiant. En français, le marquage personnel de 1ère et 2e personne du pluriel fait intervenir deux segments: *nous ... ons, vous ... ez*; l'actualisation de la forme verbale dans un énoncé à l'indicatif impose l'association des deux segments; mais le fait que la forme à marquage purement désinentiel fonctionne comme impératif introduit une différence fonctionnelle entre les deux segments, initial et terminal, du marquage personnel, et peut être interprété comme indiquant pour l'indice préfixé une relation avec l'opération de prédication qui distingue sa fonction de celle de simple référence personnelle qu'aurait la désinence (distinction de fonction qui se traduit, à la 2e personne du singulier, par une opposition morphologique non entre indice préfixé + désinence et désinence seule, mais entre indice préfixé et absence d'indice préfixé: *tu marches/ marche!*)

Le même risque s'attache à l'utilisation de la notion de redondance dans des cas où un énoncé présente des références du même ordre coexistant en plusieurs points de la chaîne. C'est en particulier la situation qui se présente en hongrois dans deux cas, d'ailleurs de type distinct.

L'un concerne la coexistence dans un même énoncé d'un préverbe indiquant l'orientation du procès et d'un suffixe casuel marquant un complément nominal dans sa relation à ce procès; cette situation a été évoquée dans un article de 1967 et réexaminée dans une publication plus récente[12]: dans

bement az épületbe	«il est entré dans le bâtiment»
bement a házba	«il est entré dans la maison»

---

[11] «Observations sur les marques personnelles dans le mot verbal en hongrois et en français», *Études finno-ougriennes* 11 (1974), 215-217; «La linguistique contrastive», *Actes de la session linguistique de Saint-Flour* (1975), 11 p.

[12] «Observations sur la structure de l'énoncé en hongrois», *a.c.* [note 1]; «Préverbes et suffixes casuels en hongrois», in: A. Rousseau (éd.), *Les Préverbes dans les langues d'Europe. Introduction à l'étude de la préverbation* (Lille, 1995), 107-123.

le prédicat verbal *bement* comporte le préverbe *be-* associé au prétérit du verbe «aller» pour exprimer la pénétration (mouvement vers l'intérieur) et le complément (substantif précédé de l'article défini *a/az*) est suffixé par *-be* ou *-ba* (choix commandé par l'harmonie vocalique), suffixe qui marque le substantif comme désignant ce à quoi aboutit le mouvement entrant. D'une part la dynamique qui s'attache à l'expression d'un procès actif tend, quand ce procès s'actualise dans un énoncé, à associer au lexème verbal l'indication d'un type d'orientation (fonction du préverbe), d'autre part le marquage casuel intervient pour relier le complément nominal au prédicat verbal, et cette relation fait référence à un aboutissement à l'intérieur de la réalité dénommée par le substantif; il en résulte un recours à des marques d'expression apparentés (mais non identiques) pour les indications données par la morphologie verbale et par la morphologie nominale. L'affinité sémantique crée cette rencontre qui ne doit pas conduire à considérer qu'il s'agit d'un simple fait de redondance: les fonctions sont différentes et la coïncidence morphologique de leur expression n'est qu'un cas extrême, celui d'une affinité sémantique maximale entre des valeurs d'ordre et de niveau d'expression différents.

L'autre cas de redondance apparente est celui des énoncés dont le prédicat verbal se présente à la forme objective, qui signale par elle-même l'existence d'un objet défini, et qui contiennent en même temps cet objet défini, représenté par un complément nominal à l'accusatif. Ainsi un énoncé ayant pour prédicat verbal *le-olvasta*, verbe «lire» (*olvas*) au prétérit *olvas-t-a* «il l'a lu» (forme objective avec indice objectal *-a*), précédé du préverbe *le-* (qui marque l'accomplissement total du procès) et pour objet *a könyv-et* «le livre» (marque *-t* de l'accusatif avec voyelle d'appui) contient à la fois, dans sa forme verbale, la référence à un objet défini, et dans son constituant nominal le lexème désignant l'objet et la marque de sa fonction objectale. Redondance apparente, mais là encore du seul point de vue référentiel, et redondance qui se justifie par l'intérêt du marquage intraverbal d'une relation objectale, qui permet à la forme verbale de réaliser une anaphore de même type que celle que réalisent les indices actanciels intraverbaux du français, comme il a été indiqué ci-avant. C'est cette fonction anaphorique qui explique la persistance de l'opposition entre conjugaison subjective et conjugaison objective dans la morphologie verbale hongroise alors que la langue a développé au cours de son histoire d'une part un moyen d'expression de la définitude grâce à un jeu d'articles, d'autre part un marquage de la relation objectale grâce à un accusatif.

Une confusion de niveau comparable est apparue dans les travaux relatifs à l'expression des fonctions informatives. Là aussi, la confusion consiste à assigner une fonction à partir d'une référence en négligeant la réalité morphosyntaxique au niveau de laquelle s'organise une structure de message. Ce type de confusion a été mis en évidence dans une critique[13] de l'effort, d'ailleurs intéressant, fait par Dirk G.J. Panhuis (Panhuis 1982) pour fonder la caractérisation typologique de l'ordre des mots en latin sur la structuration de l'information, à partir de la théorie de la perspective fonctionnelle de la phrase élaborée par l'école de Prague. Rien, malheureusement, ne vise à définir les constituants auxquels sont attribuées (sur des bases qui se situent hors du donné linguistique) les fonctions communicatives de thème ou de rhème. Ainsi une forme verbale comme *redditurus es* «tu as l'intention de rendre (l'argent emprunté)», dans un texte de Plaute, est analysée comme comportant trois éléments du point de vue informationnel: *reddit-*, base verbale rhématique, *es* thématique (la 2e personne de l'auxiliaire «être» faisant référence à l'allocutaire) et *-urus* (morphème du participe futur) «transitionnel»; sans entrer dans un commentaire détaillé de cette analyse, on voit immédiatement qu'elle spécule sur le contenu des segments et n'est aucunement menée dans le cadre syntagmatique de contrastes établis entre constituants successifs de la chaîne qui correspond au message: le signifiant qui exprime les valeurs du message n'est pas pris en compte.

9. L'autre principe de portée générale dont le respect conditionne le contrôle des faits analysés résulte de la nécessité de distinguer les points de vue selon lesquels les données linguistiques sont abordées.

Les considérations qui précèdent ont déjà montré le danger d'une confusion entre les références dont les signes sont porteurs et les fonctions qu'ils assument dans la hiérarchie syntagmatique. Le point de vue «sémantico-référentiel» est l'un des trois points de vue que distingue Claude Hagège, en reprenant sous d'autres dénominatifs ce que l'école de Prague considérait comme trois niveaux de l'analyse. Les deux autres points de vue correspondent l'un à l'organisation morphosyntaxique, l'autre à l'organisation du message (point de vue énonciatif-hiérarchique). La critique qui a été présentée dans un article de 1987[14] s'adresse aussi bien à la doctrine pragoise telle que l'a formulée F. Daneš qu'à la reformulation proposée par C. Hagège. On se bornera ici à la résumer.

Le niveau grammatical (Prague) ou point de vue morphosyntaxique (Hagège) correspond à la structuration de l'énoncé, le niveau du message (*utterance* dans l'expression en anglais de la thèse de Daneš) ou point de vue énonciatif-hiérarchique (Hagège) correspond à la structuration informative. Dans les deux cas, les unités hiérarchisées en cause sont à considérer à la fois dans leur expression morphologique et dans

---

[13] «Liberté et contrainte dans l'ordre des mots: la régulation syntaxique des variations en latin et en hongrois», *a.c.* [note 1].

[14] «Morphosyntaxe, sémantique, information», *a.c.* [note 1].

leur contenu référentiel: le troisième point de vue (sémantique ou sémantico-référentiel) n'est donc pas à considérer comme spécifique par
rapport aux deux autres: il ne représente que la saisie d'une des deux
faces — le signifié — que possèdent par nature les unités engagées dans
la combinatoire syntagmatique des phrases, l'autre face correspondant à
leur signifiant.

Dans les structures auxquelles appartiennent les unités significatives
se définissent des fonctions, de façon spécifique dans chaque langue; ces
fonctions, exprimées par des moyens morphologiques très divers, sont
des valeurs abstraites qui dans la réalisation concrète des phrases se
sémantisent pour la saisie de la réalité extralinguistique. Le principe vaut
aussi bien pour le message que pour l'énoncé. Dans l'organisation syntaxique de l'énoncé, la fonction subjectale reçoit un contenu sémantique
variable d'une langue à l'autre: elle recouvre des modes de participation
au procès très divers dans une langue comme le français où le système
verbal comporte une voix passive opposée à la voix active; la fonction
de sujet ne se laisse alors définir qu'à un haut niveau d'abstraction,
exprimé par la notion de partenariat privilégié avec le verbe dans la relation de prédication, ce partenariat correspondant à un rôle d'agent ou à
un rôle de patient selon la voix du verbe, et se manifestant — c'est en
définitive le seul critère solide — par le phénomène d'accord[15].

De la même manière, la fonction de support, par exemple, peut être
remplie par des constituants de nature très variée: un syntagme nominal
ou une subordonnée en fonction de circonstant, un adverbe «de phrase»,
etc.: «*dans un mois*, il sera libéré»; «*si je peux*, j'irai aux États-Unis»;
«*naturellement*, il n'est pas satisfait».

La fonction informative demeure la même à travers des sémantisa-
tions diverses qui, dans la structure de l'énoncé, peuvent correspondre à
des réalités morphosyntaxiques très diverses.

10. Pour terminer cette série de réflexions sur les fondements de l'analyse,
il faut évoquer d'une part certains écueils de la comparaison typologique,
d'autre part l'approche diachronique des phénomènes linguistiques.

Les deux ordres de faits peuvent être abordés conjointement à partir
d'un aspect de la morphosyntaxe ougrienne qui a déjà été évoqué: le
fonctionnement des deux conjugaisons dites subjective et objective.

---

[15] Voir «Quelques propositions sur 'l'accord' en réponse au questionnaire», *Faits de
langues* 8: *L'accord* (1996), 161-164, avec références aux travaux appliquant le critère de
l'accord à l'analyse des langues ougriennes: «Personne et syntaxe: faits ougriens», *Faits
de langues* 3: *La personne* (1994), 67-78 et 120-122 (pour le vogoul) et «Morphologie
verbale et relations actancielles en ostiak oriental», *Modèles linguistiques* 28 (1992-
1993), 105-140 (pour l'ostiak).

Dans un tableau typologique des langues finno-ougriennes, il est d'usage de considérer comme possédant un même trait de structure celles de ces langues qui possèdent l'opposition entre une conjugaison du type dit subjectif (fonctionnant en l'absence d'objet ou si l'objet n'est pas défini) et une conjugaison du type dit objectif (verbe régissant un objet défini). Le rapprochement se justifie même si la structure des formes présente de grandes divergences; c'est l'existence même des deux séries qui constitue le trait commun, ainsi que le fait que, grosso modo, les conditions qui, dans l'énoncé, entraînent le recours à la série objective sont les mêmes: les formes de cette série apparaissent quand un actant défini et sémantiquement identifiable comme patient est impliqué dans le procès en plus de l'actant qui est le seul impliqué par l'emploi des formes subjectives: en hongrois opposition entre *lát* «il voit» (un objet non défini est possible, mais l'emploi de la forme *lát* du verbe ne l'implique pas) et *látja* «il le/les voit».

Pourtant la structure des formes fait apparaître d'une langue à l'autre, et cela à l'intérieur même de la branche ougrienne, dont tous les représentants — hongrois et, en Sibérie, vogoul et ostiak — ont la double conjugaison, des divergences qu'on peut a priori soupçonner importantes du point de vue des constructions syntaxiques dans lesquelles ces formes sont engagées, c'est-à-dire du point de vue de l'organisation de l'actance dans l'énoncé. Partout apparaissent dans les marques personnelles de ces conjugaisons des formes identiques aux suffixes possessifs des noms: le suffixe *-ja* de *lát-ja* est le même qui pour *kalap* «chapeau» fournit la forme possessivée *kalap-ja* «son chapeau»; mais tantôt cette identité se vérifie pour l'ensemble des marques personnelles, tantôt non; en hongrois, la conjugaison subjective utilise en partie des marques qui lui sont propres, tandis qu'en vogoul, sauf pour la 3e personne (qui a une marque personnelle zéro dans la série subjective) les deux séries ont le même marquage personnel, et dans la série objective, combinent deux indices pour référer aux deux participants impliqués, le participant propre à cette série étant représenté par un indice qui est identique à la marque du nombre du possédé dans les formes possessivées des noms.

On a ainsi, par exemple, une forme du verbe *wār-* «faire, fabriquer», *wār-s-an-e* «il les a faits» qui suffixe au thème de prétérit *wār-s-* deux suffixes *-an-* et *-e* qui se retrouvent dans une forme possessivée comme *kol-an-e* «ses maisons»: *-e* renvoie à un possesseur 3e pers. sing. et *-an-* à un objet possédé pluriel; une forme *kol-aγ-e* avec *-aγ-* renvoie de même à un possédé duel «ses deux maisons», et *wār-s-aγ-e* «il les a faits (les 2)» à deux patients; les formes *wār-s-aγ-e, wār-s-an-e* ont ainsi une structure qui se présente comme une forme possessivée bâtie sur thème verbal, quelque chose comme «ses avoir fait». En face, la forme correspondante de la conjugaison subjective n'a rien de commun: *wār-s-ət* «ils ont fait (quelque chose)» présente seulement le suffixe *-t* de pluriel qui fournit le pluriel des noms: *kol-ət* «maisons». À la 1re personne (et à la 2e), les deux conjugaisons ont, pour référer au participant unique qu'elles impliquent, la même marque personnelle: *wār-s-an-um* «je les ai faits» (forme objective) en face de *wār-s-um* «j'ai fait (quelque chose)».

Dans des énoncés à objet non défini, la forme verbale subjective réfère au participant agent par zéro à la 3e personne, par un suffixe possessif ailleurs:

(*kol*) *wār-əs*	«il a fait (une maison)»
(*kol, kol-ət*) *wār-s-um*	«j'ai fait (une/des maison(s))»

Le nombre de l'objet éventuel n'a, on le voit, aucune incidence sur la forme verbale.

La construction peut s'interpréter dans le premier cas comme une construction active à objet non marqué (il n'y a pas dans le nom d'opposition entre un nominatif et un accusatif), et dans le second cas comme «maison mon avoir fait», c'est-à-dire «une maison est mon avoir fait» (= j'ai fait une maison).

Dans des énoncés à objet défini, la forme verbale objective est, elle, à travers tout le paradigme, structurée comme une forme possessive à deux références (personne du possesseur et nombre du possédé); ainsi avec l'objet «maison» défini au duel et au pluriel on a:

kol-į̄γ   *wār-s-aγ-um* / *wār-s-aγ-e*
«(2) maisons j'ai fait   / il a fait»
          (litt. mes [duel] avoir fait / ses [duel] avoir fait)
kol-ət   *wār-s-an-um* / *wār-s-an-e*
«(>2) maisons j'ai fait   / il a fait»
          (litt. mes [plur] avoir fait / ses [plur] avoir fait)

Il y a un phénomène d'accord en nombre avec le participant patient (défini) qui semble bien en faire le sujet et non l'objet:

«les 2/>2 maisons (sont) mes/ses avoir fait».

La construction n'est pas du type actif, elle se présente comme une construction d'appartenance, ou, si l'on préfère, attributive. En hongrois rien de tel: d'une part l'existence d'un accusatif marque l'objet dans sa relation objectale, d'autre part la forme verbale, objective ou subjective, est insensible au nombre de l'objet; une forme comme *lát-ja* vaut pour «il les voit» comme pour «il le voit». Les constructions sont donc toujours du type actif, avec un contraste sujet (nominatif)/ objet (accusatif).

Ce sont donc des réalités morphosyntaxiques très différentes qui se cachent derrière l'analogie structurale apparente entre langues possédant une double conjugaison.

D'un point de vue diachronique, le caractère systématique de l'organisation des formes verbales de la conjugaison objective comme une structure possessive en ougrien de Sibérie semble bien correspondre à un état de choses hérité de l'ouralien, de même que l'absence d'opposition entre nominatif et accusatif (bien qu'une marque -*m* soit reconstruite comme ayant eu plus ou moins une fonction de marquage objectal, mais dans des conditions très restrictives). Il faut alors considérer que la situation offerte par le hongrois résulte d'une altération du système ancien, par ailleurs disparu dans la plupart des autres langues finno-ougriennes (la double conjugaison, hors de la branche ougrienne, n'existe qu'en mordve, et s'y présente sous une forme très particulière, aboutissement d'un autre type d'évolution).

Il reste à interpréter l'évolution qui a partout, sauf en ougrien de Sibérie, altéré profondément ou éliminé le système ancien. Il présentait des points faibles, deux principalement: d'une part la situation différente de la 3e personne et des deux autres dans le type de marquage et dans le rapport entre série objective et série subjective, d'autre part la différence d'organisation actancielle qu'impliquait, dans l'énoncé, la présence d'un prédicat verbal de type objectif ou de type subjectif, avec, pour le participant agent, une position actancielle de sujet dans la construction à verbe de forme subjective, au moins à la 3e personne, mais une position différente dans la construction à verbe de forme objective (on laissera de côté ici l'analyse de cette position) où la fonction de sujet paraît bien être dévolue au patient. Il y avait, pour un même rôle, une fonction syntaxique différente; l'évolution a établi une correspondance entre les fonctions et les rôles: c'est ici précisément qu'on peut invoquer l'action sur les structures linguistiques de la perception directe du réel que nous avons à côté de la saisie qui passe par des catégories de la langue. Cette évolution implique une pluralité d'innovations corrélatives: il n'est pas douteux qu'il faille établir un lien, dans l'histoire du hongrois, entre cette transformation des relations actancielles dans les énoncés, l'installation d'un accusatif pour marquer systématiquement l'objet, ainsi que le marquage de la définitude dans le nom par le développement d'un jeu d'articles. Une histoire qui ne pouvait être ici que très brièvement évoquée[16].

---

[16] Voir sur ces problèmes de diachronie et de reconstruction: «Conjugaison subjective et conjugaison objective: un imbroglio morpho-syntaxique et historico-descriptif de la linguistique finno-ougrienne», *Études finno-ougriennes* 15 (1982), 261-271; «La double conjugaison (subjective et objective) dans les langues finno-ougriennes: aperçu des problèmes», *Lalies* 3 (1984), 25-32; «Morphologie verbale et nominale et structure de l'énoncé dans le développement historique des langues ouraliennes», *Travaux du Cercle linguistique d'Aix* 8 (1990), 203-221, ainsi que «On Internal vs. External Causality in the Historical Development of Finno-Ugric Languages», à paraître dans *Finnisch-Ugrische Sprachen in Kontakt*, et «Aspects de la reconstruction en finno-ougrien: morphosyntaxe de l'actance», à paraître dans *Mémoires de la Société de Linguistique de Paris* N.S. t. 5.

Références bibliographiques

FAURE, Georges. 1970. «Contribution à l'étude du statut phonologique des structures prosodématiques». *Prosodic features analysis / Analyse des traits prosodiques*, 93-108. Montréal-Paris-Bruxelles: Didier.

FÓNAGY, Ivan. 1983. *La vive voix. Essais de psychophonétique*. Paris: Payot.

—. 1989. «On Status and Functions of Intonation». *Acta Linguistica Hungarica* 39 (1-4). 53-92.

LAMBRECHT, Knud. 1981. *Topic, Antitopic, and Verb Agreement in Non-Standard French*. Amsterdam: Benjamins.

LÉON, Pierre - MARTIN, Philippe. 1970. *Prolégomènes à l'étude des structures intonatives*. Paris - Montréal - Bruxelles: Didier.

MALMBERG, Bertil. 1966. «Analyse des faits prosodiques; Problèmes et méthodes». *Cahiers de linguistique théorique et appliquée* 3. 99-107.

MARTINET, André. 1960. *Éléments de linguistique générale*. Paris: Colin.

PANHUIS, Dirk G.J. 1982. *The Communicative Perspective in the Sentence. A study of Latin word order*. Amsterdam: Benjamins.

ROSSI, Mario. 1977. «L'intonation et la troisième articulation». *Bulletin de la Société de Linguistique de Paris* 72:1. 55-68.

VILKUNA, Maria. 1989. *Free Word Order in Finnish. Its syntax and discourse functions*. Helsinki: Suomalaisen kirjallisuuden seura.

TABLE DES MATIÈRES

IMPRIMÉ EN BELGIQUE PAR ORIENTALISTE, KLEIN DALENSTRAAT 42, B-3020 HERENT